Susanne Roboom,
Blickwechsel e. V.

Mit Medien kompetent und kreativ umgehen

Basiswissen & Praxisideen

BELTZ

Die Reihe »Kita kompakt« bietet für Erzieher/innen Basiswissen und Praxisideen, die für den Kita-Alltag von Bedeutung sind. Die Bücher enthalten einen kompakten Wissensteil mit relevanten Informationen zum jeweiligen Thema. Ein umfangreicher Praxisteil beinhaltet viele kreative Ideen und lädt zum Umsetzen und Ausprobieren in der Arbeit mit Kita-Kindern ein.

Susanne Roboom ist 1. Vorsitzende und Referentin des Vereins Blickwechsel e. V. (Medien- und Kulturpädagogik). Ihre Arbeitsschwerpunkte sind medienpädagogische Fortbildungen für Erzieher/innen, Medienbildung in Kita und Grundschule sowie medienpädagogische Beratungsangebote für Eltern.

Dieses Buch ist erhältlich als:
ISBN 978-3-407-72775-6 Print
ISBN 978-3-407-72776-3 E-Book (PDF)

2. Auflage 2019

Lektorat: Larissa Schönknecht
Einbandgestaltung/Umschlaggestaltung: Sarah Veith
Bildnachweise: Fotos © 2016 Blickwechsel e. V.

Herstellung: Myriam Frericks
Satz: Markus Schmitz, Büro für typographische Dienstleistungen, Altenberge
Layout: Lina Oberdorfer, basierend auf dem Konzept von Atelier Bea Klenk / Sabine Riesinger
Druck und Bindung: Beltz Bad Langensalza GmbH, Bad Langensalza
Printed in Germany

Weitere Informationen zu unseren Autor_innen und Titeln finden Sie unter: www.beltz.de

Inhalt

EIN PAAR EINLEITENDE WORTE ...

Schon kleine Kinder klicken, tippen und wischen auf dem Tablet, wissen, wie sie die Tastensperre des Smartphones lösen und Fotos knipsen oder Apps starten können. Neugierig beobachten sie ältere Kinder, Jugendliche und Erwachsene in ihrem Medienumgang, nehmen die Bedeutung wahr, die den Medien im Alltag zukommt und die Faszination, die von ihnen ausgeht.

Kindertageseinrichtungen unterstützen Kinder in ihrer Entwicklung und helfen ihnen dabei, sich in der Welt zu orientieren – zu dieser Welt gehören Medien in nicht unerheblichem Maße dazu.

Den Themenbereich Medien im Kindergartenalltag auszuklammern, bedeutet auch, die Chancen, die in einem kompetenten, kreativen Umgang mit Medien stecken, ungenutzt zu lassen. Denn das Lernen mit Medien eröffnet auch Chancen zum Lernen über Medien – Medienkompetenz gehört unbestritten zu den Schlüsselqualifikationen, um kompetent, kritisch und aktiv an dieser Gesellschaft teilhaben zu können.

Es geht nicht um ein Mehr an Mediennutzung, nicht darum, Kinder nun auch noch vormittags im Kindergarten zusätzlich zum familiären Medienkonsum »vor den Monitor zu setzen«, sondern darum, Kindern Orientierungshilfen anzubieten, Ausdrucks- und Bildungsmittel bereitzustellen, ihnen einen chancengleichen Medienzugang zu eröffnen, ihre Medienkompetenz zu stärken und natürlich auch, sie dazu anzuhalten, Medien einfach mal auszuschalten!

Dieses Buch möchte Sie dazu anregen, die kindliche Faszination und Begeisterung für Medien aufzugreifen, Medien zum Thema zu machen und sie als Werkzeug in pädagogischen Prozessen einzusetzen. Medien bieten sehr gute Möglichkeiten, Themen aufzugreifen, Sprachanlässe zu schaffen und kreativ zu werden. Viel Spaß beim Stöbern, Ausprobieren und Variieren!

BASIS-
WISSEN

Was haben Medien mit Bildung zu tun?

Medien in der Lebenswelt von Kindern

»Ene mene miste, es rappelt in der Kiste ...« lautete der Abzählreim aus dem Vorspann einer Kindersendung aus den 70ern. Bildungsfernsehen konzipiert für Vorschulkinder – wurde durchaus kontrovers diskutiert. Heute wären viele Eltern schon froh, wenn ihre Kinder nur die »Rappelkiste« oder »Sesamstraße« gucken würden. Stattdessen hat sich das Fernsehprogramm zum Rund-um-die-Uhr-Angebot auf etwa 100 deutschsprachigen Kanälen entwickelt und wird durch das Internet und digitale Spielmöglichkeiten auf dem PC, Smartphone oder Tablet ergänzt. Und die sich durch digitale Technik eröffnenden Möglichkeiten entwickeln sich rasant weiter. War das selbstfahrende Auto, das Menschen chauffiert, Anfang dieses Jahrtausends noch eine Utopie, ist es inzwischen Realität – zumindest technisch. Wir können uns also heute kaum vorstellen, was wiederum in zehn Jahren möglich sein wird ...

Familien mit Kindern sind – unabhängig vom Einkommen – sehr gut mit Medien ausgestattet: Mehr als die Hälfte haben ein Tablet, knapp 90 % ein Smartphone.

Die mobilen Medien sind zu wichtigen Hilfsmitteln für die Alltagsorganisation geworden und spielen auch in der Kommunikation der Familie eine zentrale Rolle. Das Fernsehen ist zwar noch immer Leitmedium von Kindern, doch die Zahl der Kinder, die auf dem Tablet oder Smartphone spielen dürfen, nimmt zu. Schon kleine Kinder dürfen – besonders in Langmut fordernden Situationen wie im Wartezimmer oder an der Bushaltestelle oder auch im Restaurant oder auf Autofahrten – klicken, tippen und wischen. Kindergartenkinder nutzen das Tablet überwiegend zum Spielen, im Grundschulalter dann auch zum Lernen und Recherchieren (vgl. dazu Studien zur Mediennutzung am Ende dieses Kapitels).

In nahezu allen Berufen sowie in vielen Bereichen der alltäglichen Lebenswelt kommen wir mit digitaler Technik in Berührung. Auch die Spielzeugwelt verändert sich, man spricht bereits von der Spielzeuggeneration 3.0. Klassische Gesellschafts- und Puzzlespiele sind längst auch als App für Smartphone oder Tablet erhältlich, darüber hinaus gibt es multimediale Quiz-, Geschicklichkeits-, Action- und Wissensspiele. Auch das Angebot an digitalen Vorleseangeboten wächst permanent und digitale Audiostifte wie *Bookii* und *TipToi* haben den Markt schon lange erobert. Es gibt Kinder-Smartwatches und Schulranzen mit Trackingfunktion, Teddies, die auf dem Smartphone aufgezeichnete Sprachnachrichten abspielen können, Spielzeugautos und Roboter, die sich per App steuern lassen und ein Raumschiff, das mit integriertem Smartphone das Erkunden virtueller Welten ermöglicht. Sogenannte »Smart Toys« sind nicht nur mit Sensoren und Kameras ausgestattet, sondern haben durch Bluetooth oder Internet auch Verbindung mit der Außenwelt. Kinder fasziniert, dass sie »reagieren« können, z.B. auf Fragen, die sie dem »Smart Toy« stellen und auf die das Spielzeug im Internet nach Antworten sucht - wie z.B. die Puppe »Cayla«, die von 2014 bis 2017 auch auf dem deutschen Markt erhältlich war. Für Cayla wurde 2017 von der Bundesnetzagentur ein Verkaufsverbot ausgesprochen, weil sie unbemerkt Bild- und Tonaufnahmen machen kann und deshalb als Spionagegerät einzustufen ist. Das Thema Big Data, also Fragen rund um Datenschutz und Schutz von personenbezogenen Daten, ist längst auch im Kinderzimmer angekommen.

Medien und ihre Inhalte machen auch an der Kindergartentür nicht halt: Die Medienerlebnisse von Kindern werden im Kindergartenalltag in vielfältiger Weise sichtbar. Ob »Sesamstraße«, *SpongeBob*, *Bibi Blocksberg*, »Star Wars«, *Yakari* oder *Lillifee*: Auch wenn die Kinder längst nicht alles gesehen haben, wovon sie erzählen, so haben sie sich doch damit befasst. Manches haben sie vielleicht von älteren Kindern aufgeschnappt oder sich ausgedacht, einiges aber auch selbst gesehen, gespielt oder gehört.

Funktionen von Medien für Kinder

Kindern geht es darum, sich auszukennen, mitreden zu können, dazuzugehören, sich abzugrenzen, Vorstellungen vom Sein zu entwickeln. Sie sprechen über Gesehenes und bringen – wenn die Kita das erlaubt – ihre Spielfiguren mit in die Gruppe, mindestens aber Brotdosen, Trinkflaschen oder Kleidungsstücke mit ihren Idolen, verkleiden sich nach dem Vorbild ihrer Medienlieblinge und spielen ihre Medienerlebnisse mit anderen Kindern nach. Die Medienheldinnen und -helden bieten ihnen auch Projektionsfläche für eigene Wünsche, Bedürfnisse und Vorstellungen, sie dienen als Identifikationsobjekte.

Wie auch wir Erwachsenen nutzen Kinder Medien(inhalte) nicht nur zur Unterhaltung, Information oder Entspannung, sondern auch als Kommunikationsanlass, zur Selbstreflexion und Identitätsentwicklung.

»Medienspuren«, also kindliche Medienerfahrungen, die z. B. im Spiel, in Gesprächen oder Zeichnungen ausgedrückt werden, eröffnen pädagogische Chancen. Aus dem Gespräch, in dem das Kind begeistert von einer Fernsehsendung erzählt, aus der Zeichnung, die eine beliebte Szene aus einem Computerspiel oder einer Spiel-App darstellt, aus dem Beobachten, welcher Star auf dem Lieblings-T-Shirt abgebildet ist oder welches Bilderbuch das Kind gerade am liebsten vorgelesen bekommt, können wir vieles erkennen. Kinder zeigen uns nicht nur ihre aktuellen Interessen und Vorlieben, sondern oftmals auch, welche Entwicklungsthemen sie gerade bearbeiten: Selbstbehauptung, Mädchen/Junge sein, Freunde finden und behalten, groß werden …

Dabei übernehmen sie nicht einfach die Verhaltensweisen der Medienfiguren, sondern beobachten, testen, probieren und konstruieren sich so aus den verschiedenen Vorbildern aus ihrem Lebensumfeld ihre Handlungsmuster. Medien sind nur ein Teil des Systems, in dem Kinder aufwachsen. Das Kind selbst mit seinen Erfahrungen und seinem Entwicklungsstand, die Situation, in der Medien genutzt und die Art, wie Medieninhalte aufgenommen und verstanden werden, das Umfeld und seine Spiel- und Bewegungsmöglichkeiten, die Eltern mit ihren Verhaltensweisen und Erwartungen, Freunde und andere Bezugspersonen spielen ebenfalls eine entscheidende Rolle dabei, wie Medienvorbilder in das kindliche Handlungsrepertoire integriert werden.

(Medien-)Pädagogische Arbeit im Elementarbereich muss im Blick behalten, wie Kinder in diesem Alter die Medien (be)nutzen, wie sie Inhalte wahrnehmen, was sie wie verstehen, was sie begeistert, ihnen Spaß macht oder sie ängstigt. Setzen Sie sich – im übertragenen oder auch wörtlichen Sinne – auf die kleinen Kinderstühle und betrachten Sie Medien(inhalte) aus Kinderaugen, um ein Verständnis für kindliche Vorlieben, Bedürfnisse, Wahrnehmungen und mögliche Wirkungen zu entwickeln.

Bildungsort Kita – (Medien-)Bildung in der Kita

Kindertageseinrichtungen unterstützen Kinder in ihrer Entwicklung und helfen ihnen dabei, sich in der Welt zu orientieren. Pädagogische Fachkräfte greifen die Fragen und Themen der Kinder auf, thematisieren u. a. die alltäglichen Lebensbereiche und fördern grundlegende Kompetenzen im sozialen Miteinander, im Hinblick auf Ernährung, Hygiene, Alltagsgefahren, Verkehrserziehung u. v. m.

Der Umgang mit Medien wird allerdings in vielen Kitas noch immer ausgeklammert. Dahinter steckt oftmals der Wunsch, Kindern einen medienfreien »Schonraum« zu eröffnen. Allerdings wird dabei außer Acht gelassen, dass bereits Kindergartenkinder überall in ihrem Alltag mit Medien konfrontiert werden. Neugierig beobachten sie ältere Kinder, Jugendliche und Erwachsene in ihrem Medienumgang, nehmen die Bedeutung wahr, die den Medien im Alltag zukommt, und die Faszination, die von ihnen ausgeht.

Stimmen aus dem Kita-Alltag

- *»Wir haben gerade mal einen Computer für das Team, der steht im Büro. Die Kinder kommen da gar nicht dran. Ich komme mit der Technik nicht wirklich klar und bin total unsicher, wenn es darum geht, Medien einzusetzen.«*
  (Heike, Erzieherin, 53 Jahre)
- *»Ich mache seit zwei Jahren die Sprachförderung im Elementarbereich. Und der Alltag steht mir da ganz oft im Weg. Und ich wünsche mir, dass bei unserem Träger langsam mal ankommt, dass Medien zum Leben von Kindern dazugehören, das müssen wir aufgreifen, so wie Verkehrserziehung. Wir haben einen uralten PC und wir haben keinen Internetzugang. Und ich wünsche mir so ganz einfache Methodenbausteine, die ich einfach in den Alltag einbauen kann. Kleine Sachen, zu mehr habe ich keine Zeit.«*
  (Monika, Erzieherin, 47 Jahre)
- *»Bei uns in der Kita hat nur die Leitung einen PC. Bei uns im Stadtteil haben die sowieso zu Hause schon genug Technik. Reizüberflutung. Da brauchen wir das doch eigentlich nicht auch noch in der Kita. Aber irgendwie können wir ja nicht so tun, als gäbe es das alles nicht. Und deshalb frage ich mich, wie wir als Kita damit umgehen können. Was können wir anbieten?«*
  (Tamara, Erzieherin, 26 Jahre)

Den Themenbereich Medien im Kindergartenalltag auszuklammern, bedeutet auch, die Chancen, die in einem kompetenten, kreativen Umgang damit stecken, ungenutzt zu lassen.

Faszination Medien – Lernen mit und über Medien

Wieso, weshalb, warum? Wer nicht fragt, bleibt dumm!

Kinder sind von Medien fasziniert und diese Faszination kann ein Motor für das Lernen sein. Medien bieten sehr gute Möglichkeiten, Themen aufzugreifen, Sprechanlässe zu schaffen und kreativ zu werden. Die Pädagogik sollte die Chance ergreifen und einen kritischen und sinnvollen Medieneinsatz fördern. Kinder können sich auch mithilfe von Medien kreativ und sinnhaft mit dem Sprechen, (Zu-)hören, mit Lauten, Buchstaben und Geschichten befassen.

Die Kita kann ein geeigneter Ort für eine spielerische Bearbeitung und Begleitung der kindlichen Medienerfahrungen sein. Hier können Kinder unterstützt werden, dem vielfältigen Medienangebot zu begegnen und lernen, Medien als Werkzeuge sinnvoll und kreativ zu nutzen. Mediengeräte – vom Fotoapparat bis zum Tablet – und Medieninhalte – von der Bilderbuchgeschichte bis zum Trickfilm – eignen sich hervorragend, um Lernprozesse anzuregen, zu begleiten und Kinder in der Auseinandersetzung mit der eigenen Lebenswelt zu unterstützen.

Medien in der frühkindlichen Bildung

Es geht nicht um ein Mehr an Mediennutzung, nicht darum, Kinder nun auch noch vormittags im Kindergarten zusätzlich zum familiären Medienkonsum »vor den Bildschirm zu setzen«, sondern darum, Kindern Orientierungshilfen anzubieten, Ausdrucks- und Bildungsmittel bereitzustellen, ihnen einen chancengleichen Medienzugang zu eröffnen, ihre Medienkompetenz zu stärken und natürlich auch, sie dazu anzuhalten, Medien einfach mal auszuschalten!

Kinder für die heutige, schnelllebige Medienwelt fit zu machen, sie auf ihre Zukunft und nicht auf unsere Vergangenheit vorzubereiten, ist ein wichtiges Ziel medienpädagogischen Engagements.

Es geht also nicht mehr darum, zu diskutieren, ob Kinder Medien nutzen dürfen, sondern wie der Medienumgang von Kindern gestaltet und begleitet werden sollte und welche Anforderungen an den Jugendmedienschutz zu stellen sind. Die zentrale Bedeutung von Medienkompetenz als Voraussetzung für soziale Teilhabe steht außer Frage. Studien belegen jedoch, dass die kompetente, vielseitige Nutzung von Medien abhängig vom Bildungshintergrund der Familien ist.

Medienkompetenz, also der kompetente, kritische, aktive und kreative Umgang mit Medien, ist zu einer wichtigen Schlüsselqualifikation in unserer Gesellschaft geworden.

»Medienkompetenz ergänzt zeitgemäß die traditionellen Kulturtechniken und gilt in nahezu allen Bereichen allgemeiner und beruflicher Bildung inzwischen als unverzichtbare Schlüsselqualifikation.«

Kultusministerkonferenz 2012

Doch die Zugangschancen von Kindern sind sehr unterschiedlich. Wo frühkindliche Medienkompetenzförderung nicht geschieht, kann sich die sogenannte Wissenskluft zwischen denjenigen vergrößern, die die Medien für ihre Bildungsziele einsetzen können, und denjenigen, die die Medien unkreativ und einseitig verwenden.

Die Vorlesestudie 2012 der Stiftung Lesen hat erneut bestätigt, dass Kindern aus bildungsnahen Familien bis zur Einschulung deutlich mehr vorgelesen wird als Kindern aus sozial schwächeren Milieus. Dabei ist Vorlesen von ganz zentraler Bedeutung für die Entwicklung von zentralen Kompetenzen, wie Konzentrationsfähigkeit, Fantasie, Kreativität und Empathie. Die Studie hat auch belegt, dass die neue Technik das Buch beim Vorlesen nicht ablöst, sondern dass Bilderbuch-Apps ergänzend genutzt werden, dass sie neue Anreize schaffen können, das Vorlesen unterwegs stärken und die Vorlese-Motivation der Eltern erhöhen, die sonst gar nicht oder nur unregelmäßig vorlesen. Wenn hier digitale Medien Anreize schaffen und Brücken zu den »alten Medien« bauen können, sollte das Potenzial nicht ungenutzt bleiben.

Kinder erfassen ihre Welt ganzheitlich. Was und wie sie lernen, hängt davon ab, welche Möglichkeiten und Anregungen ihr Umfeld bietet und welche Unterstützung sie von den Personen in ihrem Umfeld erfahren. Die Bereiche frühkindlicher Bildung, die in den Bildungsplänen der Länder genannt werden, können nicht voneinander abgegrenzt wie Schulfächer abgearbeitet werden, sondern sollten ganzheitlich ausgerichtet sein. Kinder sind von Medien fasziniert und Medien bieten sehr gute Möglichkeiten, Themen aufzugreifen, Sprachanlässe zu schaffen und kreativ zu werden und damit auch einen Zugang zur Teilhabe an Kultur und gesellschaftlichem Leben zu eröffnen.

Medienbildung zielt darauf ab, Kinder zu verantwortungsvollen, kritischen und kompetenten Nutzerinnen und Nutzern zu machen und Medien auch als Ausdrucks-, Gestaltungs- und Bildungsmittel verwenden zu können.

Zusammenfassung

Das Lernen mit und über Medien in der frühkindlichen Bildung sollte verschiedene Dimensionen berücksichtigen:

- **Medien zum Thema machen** – kindliche Themen und Interessen aufgreifen, Kindern durch Mal- und Gesprächsangebote oder Rollenspiele Verarbeitungshilfen anbieten.
- **Medien(-inhalte) nutzen und beurteilen** – gemeinsam verschiedene Medien nutzen, vergleichen, beurteilen, auswählen lernen
- **Medien aktiv verwenden** – Medien produktiv nutzen, Medien auch als Ausdrucks- und Gestaltungsmittel für Erlebnisse, Ideen und Themen kennenlernen, die Machart von Medien durchschauen

Auf LOS geht's los! – Wie fangen wir an?

Wenn Sie sich entschlossen haben, Medien nicht nur zur Dokumentation zu verwenden, sondern auch zum Thema zu machen und als Werkzeug in Bildungsprozessen einzusetzen, sollten Sie sich im Team zusammensetzen und beraten, wie sich das Lernen mit und über Medien in das pädagogische Konzept integrieren lässt und welche Kompetenzen im Team vorhanden sind. Besprechen Sie, was Sie erreichen wollen, wie sich das umsetzen lässt, über welche Ausstattung die Einrichtung bereits verfügt und wie ggf. die Raumgestaltung verändert werden muss.

Holen Sie sich dabei Unterstützung bei Ihrer Fachberatung und/oder medienpädagogischen Institutionen. Wichtig ist, dass der Einsatz von Medien pädagogisch durchdacht und mit Konzept und nicht einfach nach dem Konfetti-Prinzip erfolgt. Technische Medien sollen nicht andere gute Mittel und Methoden verdrängen. Vielmehr geht es darum, das eigene pädagogische Handeln zu reflektieren und daraufhin zu überprüfen, wo der Einsatz von Medien eine sinnvolle Ergänzung und Optimierung des Repertoires darstellt. Das vorliegende Buch soll Sie dabei unterstützen, Grundlagenwissen liefern, auf Ideen bringen, kleine, leicht umsetzbare Praxisbausteine liefern und dazu anregen, Kita-Themen auch unter Verwendung von Medien zu bearbeiten. Denn das Lernen mit Medien eröffnet auch Chancen zum Lernen über Medien.

DVD-Tipp

Die DVD **»Aufwachsen in der Medienwelt. Kurzfilme zur Medienbildung in Kita und Kindertagespflege«** (2016) richtet sich an pädagogische Fachkräfte und wurde im Rahmen der Initiative www.gutes-aufwachsen-mit-medien.de vom Bundesfamilienministerium (BMFSFJ) gefördert. Sie ist – in limitierter Auflage – für Kitas kostenfrei über die Deutsche Liga für das Kind erhältlich: post@liga-kind.de

Beratungs- und Fortbildungsangebote für Kitas

Die für Kitas zur Verfügung stehenden »Medienwerkzeuge«, das Bildungsmaterial Medien, ändert sich ständig. Es eröffnen sich neue Möglichkeiten des pädagogischen Einsatzes, diese erfordern aber auch ein ständiges »Dranbleiben«, ein Auffrischen bzw. Aufbauen des medienpädagogischen und -technischen Handwerkszeugs: Wie können Kinder in der kompetenten Bewältigung der sie umgebenden Medienwelt begleitet werden? Wie funktioniert die Technik? Welche Programme sind sinnvoll und wie werden sie gehandhabt? Wie findet man sich in der bunten Welt der Apps zurecht?

Medienpädagogische Informationsveranstaltungen für Eltern

Im Elementarbereich sollten die Eltern in das Medienbildungskonzept der Kita eingebunden werden, denn erste Medienerfahrungen werden zu Hause gesammelt, Mediennutzungsstile entwickeln sich im familiären Kontext. Eltern müssen sich ihrer Vorbildfunktion, gerade auch im Hinblick auf Mediennutzung, bewusst sein.

Angebote für Kitas

Erkundigen Sie sich z. B. bei der Landesmedienanstalt in Ihrem Bundesland (eine Übersicht aller Landesmedienanstalten finden Sie hier: www.die-medienanstalten.de) oder besuchen Sie unsere Webseite www.blickwechsel.org und informieren Sie sich über medienpädagogische Beratungs- und Fortbildungsangebote, die zum Teil von Landesmedienanstalten und Ministerien finanziert und somit für Sie kostenlos oder kostengünstig sind.

Die Förderung der Medienkompetenz im Elementarbereich gehört seit über 25 Jahren zu den Arbeitsschwerpunkten von *Blickwechsel e. V. – Verein für Medien- und Kulturpädagogik*. In Fortbildungen für pädagogische Fachkräfte, Informationsangeboten für Eltern und Workshops für Kinder, Jugendliche und Familien vermitteln die Medienpädagoginnen und Medienpädagogen des *Blickwechsel e. V.*, welche Rolle Medien in der kindlichen Entwicklung spielen und wie das Lernen mit und über Medien realisiert werden kann.

Was gehört in die (digitale) Werkzeugkiste?

Welche Medien sollten in der Kita vorhanden sein? Bilderbücher und Hörspiele natürlich, das steht außer Frage! Aber wie sieht es mit digitalen Medien, mit Technik aus? Fast alle Kitas haben einen digitalen Fotoapparat, um die Lern- und Entwicklungsfortschritte der Kinder zu dokumentieren. Ist dazu noch ein Computer und ein Drucker und womöglich sogar ein Beamer vorhanden, eröffnen sich eine Vielzahl kreativer, bildungsförderlicher Einsatzmöglichkeiten, von denen einige im Praxisteil dieses Buches beschrieben werden. Perfekte Ergänzung ist ein Mikrofon. Und als »digitaler Alleskönner«, gerne auch als »digitales Schweizer Taschenmesser« bezeichnet, kommt das Tablet daher: In einem einzigen Gerät stecken ein Fotoapparat, eine Videokamera, ein Mikrofon, Bücher, Spiele, Filme, Geschichten und eine Fülle von kreativen Werkzeugen und Anwendungsmöglichkeiten. Neben der kinderleichten Bedienbarkeit und dem All-in-one-Prinzip gibt es einige weitere Argumente, die für das Tablet sprechen. Die

Geräte sind leicht, platzsparend und situativ einsetzbar. Sie sind relativ robust, wenig störanfällig und haben eine Akkulaufzeit von bis zu zehn Stunden.

Und je sicherer Sie sich nach und nach im Umgang mit dem »Werkzeug Medien« fühlen, umso selbstverständlicher wird der ergänzende Einsatz in der pädagogischen Arbeit und umso deutlicher wird, welche zusätzlichen Anschaffungen Sie für Ihre Einrichtung machen möchten.

Wenn Sie dann die technische Ausstattung Ihrer Einrichtung aufbessern wollen, finden Sie hier – für Ihren Wunschzettel – einen Überblick, welche Geräte sinnvoll und hilfreich sein können.

- **Digitale Fotokamera**: gut geeignet sind robuste Outdoor-Kameras, die wasserfest sind, mit denen also auch am und im Wasser fotografiert werden kann. Außerdem können sie auch einen Sturz vertragen und auch die Sandkiste kann ihnen nichts anhaben. Alle aktuell erhältlichen Kameras haben außerdem auch eine Videofunktion. Befestigen Sie die meist mitgelieferte Schlaufe unbedingt an der Kamera, diese wird dann grundsätzlich ums Handgelenk gelegt, wenn die Kamera im Einsatz ist. Preis: ab ca. 100 Euro
- **Mikrofon**: mit einem USB- oder EasiSpeak-Mikrofon können die Kinder herumlaufen und Aufnahmen machen. Diese werden später per USB-Kabel auf den Rechner übertragen. Preislage: ab ca. 40 Euro
- **Notebook**: Wenn der Rechner überwiegend für einfache Bildbearbeitung, Texte, Audioschnitt u. Ä. genutzt werden soll, sind die meisten derzeit erhältlichen Rechner geeignet. Preis: ab ca. 400 Euro
- **Tablet**: das »digitale Schweizer Taschenmesser« – eins für alles. Wenn Sie sich ein Tablet anschaffen, haben Sie in einem einzigen Gerät einen Fotoapparat, eine Videokamera, ein Mikrofon und eine Fülle von kreativen Werkzeugen und Anwendungsmöglichkeiten. Mit einer stabilen Schutzhülle wird es zu einem robusten Begleiter für Aktionen und Projekte. Preis: ab ca. 350 Euro
- **Drucker**: natürlich in Farbe, damit die Werke auch zur Geltung kommen. Wenn er WLAN-fähig ist, kann er auch ohne Kabel von Tablet, Notebook oder Kamera »gespeist« werden. Häufig sind Scanner und Kopierer integriert. Preis: ab ca. 80 Euro
- **WLAN**: durch »wireless LAN« – drahtloses Netzwerk – haben Sie überall in der Einrichtung Internetzugang, nicht nur im Büro der Leitung. So können Sie spontan gemeinsam recherchieren oder auch Mails verschicken. Sprechen Sie Ihren Träger an.
- **Externe Festplatte**: zur Datensicherung. Preis: ab ca. 50 Euro
- **Beamer**: Diese gibt es in klein, zum Teil sogar mit Akkubetrieb, oder auch größer und lichtstärker. In jedem Fall eine sehr gute Ergänzung, um spontan Ergebnisse projizieren zu können. Preis: ab ca. 300 Euro

Tipp

Auf www.rananmausundtablet.de/2-0-Medien-im-Bildungseinsatz.html finden Sie neben Grundlagenwissen zu Zielen der Medienbildung auch Tipps und Informationen rund um Planungs- und Ausstattungsfragen.

Vorhaben klären & Ziele abstecken

Natürlich beginnt Medienbildung nicht erst dann, wenn Technik zum Einsatz kommt, ebenso wie der bloße Einsatz von Technik nichts mit Medienbildung zu tun haben muss.

Legen Sie fest, was Sie vorhaben, welche Ziele Sie erreichen wollen, und dann, welche Methoden und (Medien-)Werkzeuge dafür hilfreich sein könnten. Der Aufbau dieses Praxishandbuchs soll Sie dabei unterstützen. Die Ideen zum Einsatz von Medien sind thematisch sortiert.

Sie planen einen Waldtag? Einen Sprachförderkurs oder ein Forscherlabor? Angebote zur gesunden Ernährung? Sortiert nach den jeweiligen Bildungsbereichen finden Sie in diesem Handbuch Methodenbausteine mit Tablet, Kamera, Mikrofon & Co. Die Methoden stellen nicht das Medium, sondern den Bildungsbereich und die alltäglichen Kita-Themen in den Fokus. Die Beschreibungen sind aber so angelegt, dass sie thematisch auch variiert und entsprechend für einen anderen Lernbereich/ein anderes Thema eingesetzt werden können. Zu jeder Praxisidee wird beschrieben, was benötigt wird, welche Technik bzw. Software oder App zum Einsatz kommt und wie sie – Schritt für Schritt – angewandt werden kann. Ergänzend erhalten Sie Literatur- und Surftipps, die wissenswerte bzw. weiterführende Informationen liefern. Viel Spaß beim Stöbern und Ausprobieren, beim Variieren und Kombinieren!

Absprachen & Spielregeln

Wie jedes neue Spielzeug sind natürlich auch Medien, die neu eingeführt werden, erst einmal besonders spannend und erfahren einen besonderen Zuspruch von den Kindern. Jahrelange Erfahrungen aus der Zusammenarbeit mit Kitas belegen allerdings klar, dass sich das schnell relativiert.

Stellen Sie gemeinsam mit den Kindern Verhaltensregeln und Nutzungsvereinbarungen auf – genauso wie für jedes andere neue Spielzeug oder eine neue

Funktionsecke auch. Die Technik sollte nicht »auf ein Podest« gestellt werden. Wenn Sie auch sonst bei Neueinführungen keine Führerscheine o.Ä. machen, sollten Sie auch bei den digitalen Geräten nicht damit anfangen, denn Sie laufen so Gefahr, der Technik einen herausragenden Stellenwert einzuräumen und sie dadurch besonders interessant zu machen. Die grundsätzliche Haltung sollte sein: Der Medieneinsatz ist ein ergänzendes Angebot, das nicht andere wesentliche Bausteine des pädagogischen Alltags verdrängt, sondern ergänzt und optimiert.

Alles was Recht ist …

… muss natürlich bedacht werden! Urheber- und Persönlichkeitsrechte, Datenschutz und Sicherheit. Allerdings haben Sie das bisher zum Teil ja auch bereits berücksichtigen müssen und z.B. keine Foto-, Video- oder Audioaufnahmen ohne Einverständniserklärung der Eltern veröffentlichen dürfen. Und natürlich sollten auch die Kinder selber damit einverstanden, wenn ihre Werke veröffentlicht werden.

Achten Sie auf Urheberrechte bei der Verwendung von Musik für eigene Produktionen und Aufführungen. Unterlegen Sie den selbst gemachten Trickfilm also lieber mit einem selbst gemachten Lied und nicht mit einem aktuellen Hit aus den Charts. Eine detaillierte Checkliste rund um rechtliche Fragen zum Medieneinsatz in der Kita finden Sie hier: www.rananmausundtablet.de/5-0-Medien-und-Recht.html.

Literatur

Baacke, D. (1999): Medienkompetenz. In: Baacke, D./Kornblum, S. et al. (Hrsg.): Handbuch Medienkompetenz. Bonn.

Bostelmann, A. (2019): Medienpädagogik in Kindergarten und Grundschule. 23 Ideen für die Bildungsarbeit mit 4- bis 8-jährigen Kindern. Berlin.

Duncker, L./Lieber, G./Neuß, N./Uhlig, B. (Hrsg.) (2009): Bildung in der Kindheit. Handbuch zum Lernen in Kindergarten und Grundschule. Seelze.

Fthenakis, W.E. (Hrsg.) (2009): Natur-Wissen schaffen – Band 5: Frühe Medienbildung. Troisdorf.

Knauf, H. (2010): Bildungsbereich Medien. Göttingen.

Kultusministerkonferenz (Hrsg.): Medienbildung in der Schule. (Beschluss der Kultusministerkonferenz vom 8. März 2012) Download: www.kmk.org/fileadmin/Dateien/veroeffentlichungen_beschluesse/2012/2012_03_08_Medienbildung.pdf

Landeshauptstadt München – Referat für Bildung und Sport (Hrsg.) in Kooperation mit dem Studio im Netz e. V. (2015): Tablets im Einsatz. Medienpädagogische Praxisinspirationen aus dem Projekt „Multimedia-Landschaften für Kinder“. München.

Lauffer, J./Röllecke, R. (Hrsg.) (2016): Krippe. Kita. Kinderzimmer. Medienpädagogik von Anfang an. München.

Neuß, N. (2012): Kinder und Medien. Was Erwachsene wissen sollten. Seelze.

Roboom, S. (2019): Medien zum Mitmachen. Impulse für die Medienbildung in der Kita. Freiburg

Roboom, S. (2019): Medienwerkstatt für Kita-Kinder. kindergarten heute – praxis kompakt. Freiburg: Herder.

Risch, M. (2013): Medienkompetenz und Sprachförderung in der frühkindlichen Bildung. München.

Tillmann, A./Fleischer, S./Hugger, K.-U. (Hrsg.) (2014): Handbuch Kinder und Medien. Band 1 Digitale Kultur und Kommunikation. Wiesbaden.

Studien zur Mediennutzung

DIVSI U9-Studie: Kinder in der digitalen Welt. Hamburg, April 2015. Download: www.divsi.de/publikationen/studien/divsi-u9-studie-kinder-der-digitalen-welt/

JFF – Institut für Medienpädagogik in Forschung und Praxis: MoFam – Medienrituale und ihre Bedeutung für Kinder und Eltern. München, September 2018

Medienpädagogischer Forschungsverbund Südwest (Hrsg.): miniKIM2014 / KIM2018 / FIM 2016. Alle Studien auf www.mpfs.de

Orde, H. v. (Internationales Zentralinstitut für das Jugend- und Bildungsfernsehen – IZI): Grunddaten Kinder und Medien 2019. München. Download: www.br-online.de/jugend/izi/deutsch/Grunddaten_Kinder_u_Medien.pdf

Stiftung Lesen: Alle Vorlesestudien seit 2010 auf www.stiftunglesen.de/vorlesestudie

www.kinderwelten.tv

www.lfm-nrw.de/fileadmin/lfm-nrw/Forschung/Kurzfassung_Studie_72.pdf

PRAXIS-
IDEEN

Sprache, Literacy und Medien

Sehen, hören, erzählen ...

»Wenn Kinder an einem Thema interessiert sind, dann geschieht Bildung.«

Arthur C. Clarke, Physiker und Schriftsteller

Kinder interessieren sich für Sprache und Schrift, sie sehen die Erwachsenen schreiben und imitieren das Schriftbild. Was für die Kinder anfangs wie eine »Geheimsprache« anmutet, wird für sie langsam konkreter und fassbarer. Durch Vorlesen werden die auditive Wahrnehmung, das Bild- und Textverständnis, die Fähigkeit, zu erzählen und Sprache gezielt einzusetzen, sowie natürlich die Fantasie und Kreativität der Kinder gefördert. So bauen sie nach und nach ihre Literacy aus, ihre Erfahrungen rund um Lesen und Schreiben, Textverständnis und Erzählkultur.

Alltagsintegrierte Sprachbildung orientiert sich an der Lebenswelt von Kindern, zu der Medien selbstverständlich dazugehören. Das Interesse von Kindern an Medien und ihren Inhalten kann als Sprachanlass genutzt werden. Medien können auch als Werkzeug eingesetzt werden, um die Auseinandersetzung mit Lauten und Buchstaben zu unterstützen, zum Sprechen und genauen Hinhören anzuregen, um Reime und Geschichten zu erzählen, aufzunehmen, die eigene Stimme zu hören.

Medien sind nicht nur »Erfahrungen aus zweiter Hand«, sondern bergen entwicklungs- und bildungsrelevantes Potenzial; Medienbildung sollte als Teil der Allgemeinbildung verstanden werden (Neuss 2008). Der aktive, kreative und reflektierende Umgang mit Medien ermöglicht nicht nur das Lernen mit Medien, sondern auch das Lernen über Medien. So können Kinder dabei unterstützt werden, Medien zu durchschauen, und erhalten Verarbeitungshilfen für ihre Medienerlebnisse. Medien können Kindern dabei helfen, sich in der Welt zu orientieren. Dafür ist ein Verstehen der Medienwelten wichtig. Bilderbücher, Hör- und TV-Geschichten sowie Spiele bieten Erfahrungs-, Erlebnis- und Informationsmöglichkeiten.

Literatur

Biermann, T./Daveri, L./Eder, S. (2015): Medien- und Sprachbildung. Handreichung mit Aktivitäten für die Praxis. Landesanstalt für Medien Nordrhein-Westfalen, Düsseldorf.

Neuss, N. (2008): Orientierung an der kindlichen Lebenswelt. Medienbildung in der frühen Kindheit. In: Ebert, S. (Hrsg.): Die Bildungsbereiche im Kindergarten. Freiburg im Breisgau.

Medienspuren aufgreifen: Ich mag am liebsten ...

Alter: ab 3 Jahre
Gruppengröße: ganze Gruppe oder auch in Kleingruppen
Dauer: einmal oder mehrmals ca. 30–45 Minuten
Material: mitgebrachte Medienfiguren, ggf. eine Fotokamera

Figuren aus dem Kindermedienrepertoire bieten vielfältige Sprachanlässe. Im Gespräch über ihre Medienerlebnisse, über Vorlieben und Abneigungen erzählen die Kinder viel von sich selbst und gleichzeitig werden Reflexionsprozesse angestoßen und Verarbeitungshilfen eröffnet. Im Gespräch erfahren wir viel über die Gründe für die Präferenzen und somit auch einiges über die Kinder und ihre aktuellen Themen.

Vorbereitung

Für die Mediengalerie dürfen die Kinder ihre Stars und Idole mitbringen: Spielfiguren, Stofftiere, Sammelkarten, Poster, Becher, T-Shirts oder auch Abbildungen aus Zeitschriften oder dem Internet. Die Stars können aus allen Medienbereichen kommen: aus Bilderbüchern, Fernsehen, Apps & Spielen, Musik usw.

Klären Sie, ob alle Kinder einverstanden sind, dass die Figuren und Gegenstände für eine Weile in der Galerie verbleiben dürfen, sodass nach und nach alle ihre Stars vorstellen und ihre Vorlieben begründen können. Von den Dingen, die wieder mit nach Hause genommen werden sollen, können gemeinsam Fotos gemacht werden.

So wird's gemacht

Die Mediengalerie wird gemeinsam aufgebaut und in aller Ruhe angesehen. Wer hat wen mitgebracht? Lassen Sie die Kinder der Reihe nach über die Vorlieben und Abneigungen sprechen. Signalisieren Sie Offenheit und Interesse für die Medienvorlieben.

Achten Sie darauf, dass alle ausreden können und moderieren Sie mit dem Ziel, dass die Kinder sich nicht über die Idole der anderen Kinder lustig machen, denn: Ein »Angriff« auf die Lieblingsstars kann auch als persönliche Verletzung/Beleidigung empfunden werden. Achten Sie besonders darauf, dass die Vorlieben der Kinder akzeptiert werden. Die Kinder sollen versuchen, ihre Meinung vor den anderen zu artikulieren, indem sie mehr sagen als nur: »Den finde ich einfach toll.« Fragen Sie nach: »Den findest du toll, weil ...? Was findest du an dem besonders toll?« Eine Antwort zu finden, ist nicht immer leicht, weil die Identifikation oftmals eine sehr emotionale ist.

Den kritischen Blick schärfen!

Gespräche über Medienstars bieten auch Möglichkeiten über Funktionen von Idolen nachzudenken und sich kritisch mit Vorbildern und Vorurteilen auseinanderzusetzen. Die Kinder können auch für stereotype Rollenbilder sensibilisiert werden: ob »der starke Held« wirklich immer stark sein muss ... ob die Prinzessin immer gerettet werden will ... Im weiteren Gespräch können beispielsweise auch folgende Fragestellungen erörtert werden:

- *Wie werden Männer/Jungen dargestellt, wie Frauen/Mädchen?*
- *Was gefällt euch an der Darstellung und was nicht?*
- *Würdet ihr euch selber so fotografieren lassen?*

Vertiefung

Bieten Sie eine Fotosession an, bei der sich die Kinder wie ihre Lieblingsstars verkleiden und sich gegenseitig fotografieren können. Drucken Sie die Bilder auf DIN-A4-Papier aus und kleben Sie die Fotos auf bunte Pappen oder laminieren Sie sie. So entsteht eine ganz persönliche Stargalerie im Gruppenraum oder Kita-Flur, die von den Kindern gern betrachtet wird und immer wieder für Gesprächsstoff sorgt.

Abschluss

Machen Sie den Kindern deutlich, wie unterschiedlich Vorlieben und Abneigungen sind und dass es wichtig ist, diese zu akzeptieren. Bauen Sie die Stars der Kinder in ihre Vorleseangebote ein und planen Sie Erzählstoff mit vielseitigen Rollenvorbildern ein. Und vielleicht kann ja die Rosenmontagsparty oder ein Kita- oder Gruppenfest in diesem Jahr mal unter dem Motto »Mein liebster Medienstar« stehen?

Zum Weiterlesen

www.rananmausundtablet.de/112-0-ueber-Medien-reden.html

medienkindergarten.wien/medienpaedagogik

App, E-Book & Co. als Bilderbuchkino

Alter: ab 3 Jahre
Gruppengröße: ganze Gruppe oder auch in Kleingruppen
Dauer: ca. 30–45 Minuten
Material: ein Tablet oder Computer, ein Beamer, ein ausgewähltes Buch als App oder PDF

Durch Vorlesen werden die auditive Wahrnehmung sowie das Bild- und Textverständnis gefördert, die Fähigkeit zu erzählen und Sprache gezielt einzusetzen, sowie natürlich Fantasie und Kreativität der Kinder. Neben der Bilderbuchlesung in der Kleingruppe kann die Lesung auch als Bilderbuchkino gestaltet werden.

Vorbereitung

Wählen Sie ein geeignetes Bilderbuch aus.

Tipp

Viele Verlage bieten inzwischen die Illustrationen aus ihren Büchern ohne Text kostenlos als PDF zum Download an. Das klassische Bilderbuch wird weiterhin benötigt, aber die ganze Gruppe kann die Bilder zum Text über den Beamer sehen. Geben Sie einfach auf der Webseite des jeweiligen Verlages »Bilderbuchkino« ins Suchfeld ein, so kommen Sie dann zur Downloadseite.

Bilderbuch-Apps oder E-Books bieten neben der Geschichte auch kleine Spiele und Mitmach-Elemente an. Einzelne Figuren oder Gegenstände sind animiert. Die Aufnahmefunktion ermöglicht das Aufnehmen von Geräuschen oder Musik, die zur Geschichte passen, oder auch Einsprechen eigener Texte zu einzelnen Passagen, z. B. in unterschiedlichen Sprachen.

So wird's gemacht

Die Kinder machen es sich auf gemütlichen Kissen oder Matten bequem. Zur Einstimmung kann ein thematisch passendes Lied gesungen werden.

Parallel zum Vorlesen werden die passenden Bilder im Großformat projiziert. Wenn Sie eine App verwenden, schalten Sie die Vorlesefunktion aus und lesen Sie selbst oder erzählen Sie.

Fragen und Beobachtungsaufgaben

- ? *Was gibt es hier zu sehen? Findet ihr …?*
- ? *Was, denkt ihr, passiert als Nächstes?*
- ? *Was würdet ihr denn in so einer Situation machen?*
- ? *Wie findet ihr das, was die Person/das Tier da macht?*

Abschluss

Fragen Sie die Kinder, wie ihnen das Buch gefallen hat, und lassen Sie sie ihre Meinung begründen.

Die Inhalte der Geschichten bieten viele Möglichkeiten für kreative und handlungsorientierte Anschlussaktionen, bei denen Kinder ihre Eindrücke verarbeiten können, z. B.:

- Die Geschichte kann beim wiederholten Betrachten mit verteilten Rollen oder in verschiedenen Sprachen gesprochen werden.
- Die Kinder können zur Geschichte die passenden Geräusche aufnehmen.
- Unterlegen Sie einzelne Szenen mit ganz unterschiedlicher Musik: ruhig und entspannend, fröhlich, gruselig … und sprechen Sie darüber, ob die Szene dadurch anders wirkt.
- Stellen Sie das Buch im Anschluss zum Durchblättern und Nachsinnen zur Verfügung.
- In einer Malaktion können Kinder malen und anschließend besprechen, was ihnen am besten oder auch gar nicht gefiel.
- Schlüsselszenen können im Rollenspiel bearbeitet oder variiert werden.
- Stellen Sie mit den Kindern ein eigenes Bilderbuch oder E-Book her. Anregungen dazu finden Sie z. B. auf S. 40.

Zum Weiterlesen

Alt, K. (2016): Mit Kindern Bilderbuchwelten vielfältig entdecken. Weinheim/Basel.

www.lesestart.de
»Lesestart – Drei Meilensteine für das Lesen« ist ein bundesweites Leseförderprogramm. Es wird vom Bundesministerium für Bildung und Forschung finanziert und von der Stiftung Lesen umgesetzt.

Rätsel & Reime – Fotospielereien ...

Alter: ab 5 Jahre
Gruppengröße: in Kleingruppen (2–5 Kinder)
Dauer: ca. 30–60 Minuten
Material: eine Fotokamera, ein PC oder Tablet, ggf. ein Beamer

Wenn Kinder mit der Kamera auf Motivsuche gehen und Fotorätsel knipsen, werden sie zum genauen Hinsehen und Wahrnehmen angeregt. Fotorätsel zeigen nur einen Ausschnitt vom Motiv, so dass nicht sofort zu erkennen ist, worum es sich bei dem Foto handelt. Sie eignen sich sehr gut, um Themen einzuführen oder zu vertiefen.

Vorbereitung

Nehmen Sie zunächst selbst ein oder mehrere Fotorätsel auf. So können Sie kontrollieren, ob die Detailaufnahmen ausreichend scharf sind oder ob der Makromodus eingestellt werden muss, der bei den meisten Kameras durch ein Symbol gekennzeichnet ist, das an eine Tulpe erinnert. Diese Fotorätsel können Sie dann auch den Kindern vorführen und sie raten lassen, bevor die Kinder dann selbst auf Fotosafari gehen.

So wird's gemacht

Die Kinder suchen sich einen Gegenstand, eine Pflanze oder auch eine Person als Motiv. Von diesem Motiv wählt das Kamerakind ein Detail aus. Nun geht das Kind mit der Kamera so nah an das ausgewählte Motiv heran, dass ausschließlich das gewünschte Detail im Bild ist. Erinnern Sie die Kinder daran, im Monitor zu kontrollieren, ob das Bild wirklich scharf ist. Ansonsten wird die Position nochmals etwas korrigiert, sodass mehr Licht auf das Motiv fällt. Eventuell muss der Makromodus an der Kamera aktiviert werden. Dann wird ein Foto gemacht. Für die Auflösung des Fotorätsels, die natürlich auch fotografiert wird, entfernt sich das Kind ein bisschen vom gewählten Motiv und macht ein zweites Foto, auf dem das gesamte Motiv zu erkennen ist.

Haben alle Kinder ihre Rätselbilder fotografiert, geht es zurück in die Gruppe und die Fotos werden direkt auf den Computer geladen bzw. das Tablet an den Beamer angeschlossen. Nun kann das Raten losgehen.

Ideen für Fotorätsel-Aufgaben

- Wessen Augen/Ohren/Hände ... sind das?
- Wo im Gruppenraum/in der Kita befindet sich dieser Gegenstand?
- Aus welchem Buch stammt dieses Bild/dieser Ausschnitt?
- Zu welcher Pflanze gehört das Blatt/die Blüte ...?
- Zu welchem Tier gehören die Fußabdrücke/die Ohren/die Pfoten ...?
- Zu welchem Beruf gehört dieser Gegenstand?
- Welcher Buchstabe/welches Symbol/welche Zahl/welche Form ... ist das?

Vertiefung

Eine etwas größere Herausforderung ist das Fotografieren von Reim-Wörtern oder auch von Kombi-Wörtern, die dann geraten werden sollen. Bringen Sie Bildkarten mit Beispielen mit oder überlegen Sie Beispiele mit den Kindern:

- **Reim-Wörter:** Sand – Hand / Knopf – Topf / Kamm – Schwamm ...
- **Kombi-Wörter:** Brot-Dose / Eier-Becher / Garten-Tisch ...

In Kleingruppen suchen sich die Kinder dann ein oder mehrere Reim-Wörter bzw. Kombi-Wörter aus und nehmen zwei Fotos auf, z. B.: etwas Sand und eine Hand oder ein Ei und einen Becher. Später darf wieder geraten werden. Daraus kann anschließend auch ein Foto-Memory® (s. S. 30) gestaltet werden.

Abschluss

Schauen Sie sich die Fotorätsel nochmals mit den Kindern an. Wenn möglich verwenden Sie dazu einen Beamer, denn groß projiziert wirken die Fotos noch besser. Lassen Sie die Kinder beschreiben, wie sie die Fotorätsel gemacht haben. Gehen Sie auf die Details ein, das Wahrnehmen von kleinen, unscheinbaren Dingen, regen Sie zum genauen Hinsehen an. Vielleicht kann ja auch eine Rallye mit Fotorätseln geplant werden.

Zum Weiterlesen

www.kamerakinder.de
Spiele, Tipps und Tricks rund um die Fotografie

www.medienpaedagogik-praxis.de/2012/12/15/fotoprojekte-mit-kindern
Tipps und Wissenswertes zur Durchführung von Fotoprojekten mit Kindern

Anlaut-Tabelle, Foto-Memory® & Buchstaben-Bingo

Alter: ab 5 Jahre
Gruppengröße: in Kleingruppen (2–5 Kinder)
Dauer: ca. 30–60 Minuten
Material: eine Fotokamera, ein PC oder Tablet (mit Fotobearbeitungs-App, z. B. *PicCollage*, ein Drucker

Zur Unterstützung der phonologischen Bewusstheit und der Laut-Buchstaben-Zuordnung können die im Baustein »Rätsel & Reime – Fotospielerein« aufgenommenen Fotos für weitere Buchstaben- und Wortspielereien verwendet werden.

Vorbereitung

Gibt es von jedem Buchstaben mindestens ein Foto? Wenn nicht, gehen die Kinder noch mal auf die Suche … Die fotografisch gesammelten Buchstaben sowie die weiteren Motive (z. B. die Reim-Wörter, Kombi-Wörter etc.) werden auf dem Computer abgespeichert.

Um alle Buchstaben in gleicher Größe auszudrucken, kann z. B. der Druckassistent des Betriebssystems verwendet werden. Jedes Buchstabenfoto sollte im Drucklayout 5 × 8 cm bzw. im Passbildformat ausgedruckt werden.

Wurde mit dem Tablet fotografiert, werden die Fotos, z. B. mithilfe der App *PicCollage* zu einer Collage aus gleichgroßen quadratischen Bildern zusammengestellt und dann ausgedruckt. Der ausgedruckte Bogen wird zerschnitten und die einzelnen Karten werden laminiert.

So wird's gemacht

Für die **Anlaut-Tabelle** werden die fotografierten Buchstaben in die richtige Reihenfolge gebracht und an einer Wäscheleine aufgehängt. Dann werden zu jedem Buchstaben die passenden Motive gesucht, dazu liegt eine Auswahl der Fotomotive bereit. Stellen Sie den Kindern dazu Fragen wie z. B.: »Mit welchem Buchstaben fängt Bagger an?« »Findet ihr einen Gegenstand, der mit M anfängt?« »Sucht ein Obst, das mit A anfängt.« Die Kinder suchen aus den ausgelegten Motiven die passenden heraus und befestigen sie an dem jeweiligen Buchstaben der Anlaut-Tabelle. Die Anlaut-Tabelle kann auch thematisch bebildert werden, z. B. mit Fotos aus dem Wald, von verschiedenen Tieren, Obst und Gemüse, den Lieblingsmedienstars …

Je größer nach und nach die Sammlung verschiedener Fotomotive wird, umso vielfältiger auch die weiteren Verwendungsmöglichkeiten, z. B. für ein **Foto-Memory®**. Dieses kann, je nach Vorwissen der Kinder, in vielen Variationen gespielt werden, z. B.:

- zwei Wörter mit dem gleichen Anfangsbuchstaben finden
- das passende Wort zum jeweiligen Laut finden
- das Porträt eines Kindes und den Anfangsbuchstaben des Namens finden
- zusammengehörende Reim- oder Kombi-Wörter finden

Für ein **Buchstaben-Bingo** werden zusätzlich zu den ausgedruckten Fotobuchstaben mehrmals einer zufällige Buchstaben-Auswahl aus dem Foto-Ordner markiert und wie für das Erstellen der Foto-Memory®-Karten ebenfalls im Layout 5 × 8 cm bzw. Passbildformat ausgedruckt, aber nicht zerschnitten. Die Fotobuchstaben-Kärtchen werden umgedreht in die Tischmitte gelegt, ein oder mehrere Kinder bekommen zusammen einen Bingo-Bogen. Nun wird reihum ein Kärtchen umgedreht. Passt es zu einem der Buchstaben auf dem Bingo-Bogen, darf der entsprechende Buchstabe auf den Bogen gelegt werden. Wer seinen Bogen zuerst voll hat, ruft »Bingo«!

Abschluss

Die Anlauttabelle, das Buchstaben-Bingo und das Foto-Memory® können den Grundstein für die Einrichtung einer eigenen Sprach- und Medienwerkstatt legen. Die Fotos der Reim- und Kombi-Wörter und die Rätselbuchstaben aus dem vorherigen Baustein (s. S. 28) ergänzen das Repertoire, indem sie dort als Ratespiele auch für andere Kinder deponiert werden.

Zum Weiterlesen

Jungmann, T./Morawiak, U./Meindl, M. (2015): Spielesammlung. In: Dies.: Überall steckt Sprache drin. Alltagsintegrierte Sprach- und Literacy-Förderung für 3- bis 6-jährige Kinder. München, S. 83–125.

www.bibernetz.de/wws/blickpunkt-sprachfoerderung.html
Umfangreiche Sammlung von Hintergrundinformationen, Methodenbausteinen und Links

www.kidsweb.de/spiele/abc_spiele.htm
Informationen, Anregungen und Vorlagen zum Spielen, Basteln und Malen rund um das Alphabet

Die Sprach- und Medienwerkstatt

Alter: Vorschulkinder
Gruppengröße: in Kleingruppen (bis 10 Kinder)
Dauer: 60–90 Minuten für erste Sammlung, danach ergänzen nach Bedarf
Material: Die gemeinsam erstellten Fotos der Reim- und Kombi-Wörter, die Buchstabenfotos, Anlauttabellen, Foto-Memorys® u. Ä. bekommen dort ebenso ihren Platz wie weitere Materialien rund um Buchstaben, Wörter, Texte. Von A wie Apps und Anlaut-Tabelle bis Z wie Zeichen und Zuordnungsspiele …

Durch das Einrichten einer Sprach- und Medienwerkstatt wird der Sprache im wörtlichen Sinne Raum gegeben.

Vorbereitung

Suchen Sie einen geeigneten Platz für die Sprach- und Medienwerkstatt. Vielleicht gibt es in Ihrer Einrichtung noch ausreichend Platz in einem der Funktionsräume? Vielleicht in der Forscherwerkstatt? Oder im Atelier? Oder Sie können eine der Funktionsecken umgestalten, sodass Platz entsteht für ein paar Regale, einen kleinen Tisch und ein paar Stühle sowie einige Boxen oder Kisten, in denen Material gesammelt werden kann.

So wird's gemacht

Schlagen Sie den Vorschulkindern vor, gemeinsam eine Sprach- und Medienwerkstatt einzurichten. Sprach- und Medienwerkstatt – was ist das? Ein Ort für Laute, Buchstaben, Wörter, Reime … ein Ort, an dem (vor-)gelesen und geschrieben wird, an dem Geschichten entstehen und z. B. zu einem selbst gemachten Bilderbuch werden. Überlegen Sie dann mit den Kindern, was alles dazu gehört. Die Sammlung können Sie auch alphabetisch führen:

A: App, Aktenordner, Anlauttabelle
B: Buchstaben, Bücher, Briefpapier, Braille-ABC
C: Computer
D: Drucker
E: Erzählkiste
F: Fotoapparat, Fingeralphabet
…

Nach der gemeinsamen Sammlung beginnt das Einsammeln: Wo sind die Sachen zu finden. Einiges muss nur innerhalb der Gruppe umsortiert werden, anderes findet sich eventuell im Büro der Leitung. Natürlich können Sie auch eine Kiste vorbereitet haben, die dann gemeinsam ausgeräumt und einsortiert wird.

Tipp

Achten Sie auf eine sinnvolle Struktur und Ordnung, um die Werkstatt nicht zu überfrachten und dadurch unübersichtlich zu machen. Dabei helfen z.B. transparente Boxen, deren Inhalt durch ein Foto gekennzeichnet wird, und unterteilte Regale.

Auch technische Medien, wie Fotoapparat oder Mikrofon, stehen für den selbstständigen Umgang zur Verfügung und eröffnen kreative Ausdrucks- und Gestaltungsmöglichkeiten.

Vertiefung

Der Spaß am Umgang mit Lauten, Buchstaben, Reimen u.Ä. kann auch mit Spiel- und Lernangeboten aufgegriffen werden, wie sie z.B. die Software Schlaumäuse anbietet oder auch diverse Apps (vgl. dazu den Baustein »Von Schlaumäusen & Fragenbären« ab S. 50). Diese multimedialen Angebote ermöglichen, wenn sie gut gemacht sind, auf spielerische Weise ein gezieltes Wiederholen und Vertiefen von Inhalten und schulen die phonologische Bewusstheit auf dem Weg zum Lesen- und Schreibenlernen.

Abschluss

Mit jedem weiteren Exemplar, das die Sammlung ergänzt, wächst die Sprach- und Medienwerkstatt. Sie wird so zu einem Ort der Auseinandersetzung mit Lauten und Buchstaben, Silben und Worten, Reimen und Geschichten.

Zum Weiterlesen

Stiftung »Haus der kleinen Forscher« (2014) (Hrsg.): Kannst du mich verstehen? Die Vielfalt der Kommunikation erkunden und erforschen. Berlin.
Info & Download: www.haus-der-kleinen-forscher.de in der Rubrik Praxisanregungen / Experimente und Themen

Andere Länder, andere Sprachen

Alter: ab 4 Jahren
Gruppengröße: ganze Gruppe oder Kleingruppen (3–5 Kinder)
Dauer: 30–60 Minuten
Material: ein PC oder Tablet, ein Beamer, ein Textverarbeitungsprogramm, eine Übersetzungs-App (z. B. *Google Übersetzer* für iOS und Android) oder Übersetzungshilfe im Internet (z. B. *translate.google.de*, Online-Bilderbuch BABADADA.com), evtl. weitere geeignete Apps, wie z. B. *Dein illustriertes Wörterbuch* (für iOS), *Google Earth*

Weltweit werden etwa 7000 verschiedene Sprachen gesprochen, in einigen Kitas bis zu 25. Manche Sprachen ähneln einander, andere haben ganz andere Schriftzeichen und Schreibrichtungen.

Vorbereitung

Welche Sprachen werden in Ihrer Einrichtung gesprochen? Welche Nationalitäten gibt es in Ihrer Gruppe? Informieren Sie sich im Vorfeld in groben Zügen über die Herkunftsländer.

So wird's gemacht

Fragen Sie die Kinder, ob sie wissen, in welchem Land wir leben. Ist das für alle Kinder auch das Herkunftsland? Fragen Sie nach, woher die Kinder kommen und was sie über das jeweilige Land wissen. Lassen Sie sie einfache Worte, die das Kind auf Deutsch beherrscht, in seiner Muttersprache sagen. Gerade für Kinder, die sich aufgrund geringer Deutschkenntnisse bisher kaum am Gruppengeschehen beteiligen konnten, eröffnen sich hier neue Beteiligungsmöglichkeiten. Unterstützend kann eine Übersetzungs-App eingesetzt werden. Diese wiederholt das gesprochene Wort und übersetzt es dann.

Suchen Sie gemeinsam auf einer Landkarte die verschiedenen Herkunftsländer. Sie können dazu auch das Internet zu Hilfe nehmen. Mit *Google Earth* können Sie auch in die Länder »reisen«. Über Kindersuchmaschinen finden Sie Informationen zu vielen Ländern der Welt (vgl. dazu »Recherchieren«, S. 76).

Vertiefung

Das Thema »Länder und Kulturen« kann vielfältig vertieft werden:

- Machen Sie **»Eine musikalische Weltreise«** – wie auf S. 84 beschrieben.
- **Mein Name** in anderen Schriften/Schriftzeichen/Sprachen: Nutzen Sie dazu ein Textverarbeitungsprogramm, in das die Kinder ihren Namen eingeben können und wählen Sie dann bei den Schriften unterschiedliche Schriftarten. Sie können auf *translate.google.de* auch Wörter, Passagen oder ganze Dokumente in andere Sprachen übersetzen.
- **Blitzbilder**: Das Spiel wurde von *Studio im Netz e. V.* für den Kindergarten und die Vorschule konzipiert, um die Freude am Spracherwerb und am Umgang mit Sprache zu fördern. Es kann kostenlos auf www.studioimnetz.de/projekte/blitzbilder heruntergeladen werden.
- **Lach- und Sachgeschichten** mit der Maus in verschiedenen Sprachen – auf Englisch, Französisch, Arabisch, Kurdisch und Dari: www.wdrmaus.de/extras/maus_international.php5
- **Bilderbuchbetrachtung/-kino** (s. S. 26): z. B. »Felix – ein Hase auf Weltreise« (Annette Langen). Überlegen Sie nach der Lesung z. B., welche Briefe Felix schreiben würde, wenn er eines der Herkunftsländer der Kinder aus der Gruppe bereisen würde.
- **Der Kleine Prinz** von Antoine de Saint-Exupéry von Muttersprachler/innen in 100 verschiedenen Sprachen vorgelesen: www3.germanistik.uni-halle.de/prinz

Abschluss

Gestalten Sie Wandzeitungen zu den verschiedenen Ländern, auf denen die Rechercheergebnisse, Fotos und Zeichnungen zusammengetragen werden. Vielleicht kann auch ein internationaler Eltern-Kind-Nachmittag mit kulinarischen Mitbringseln aus verschiedenen Ländern initiiert werden.

Zum Weiterlesen

www.infopoint-bremen.de
Umfangreiche Linksammlung zu mehrsprachigen Medienangeboten, z. B. Zeitungen, Nachrichten, Medien für Kinder u. v. m.

www.kommunale-integrationszentren-nrw.de/fruehe_bildung
Die Kommunalen Integrationszentren engagieren sich mit Beratungs- und Qualifizierungsangeboten im Bereich frühe Bildung mit dem Ziel, dass das Aufwachsen von Kindern mit Migrationshintergrund in NRW zukünftig noch besser gelingt.

QR-Codes & Co. – Computersprache verstehen

Alter: ab 5 Jahre
Gruppengröße: ganze Gruppe
Dauer: ca. 60–90 Minuten
Material: das Bilderbuch »Was ist denn hier passiert?« (von Julia Neuhaus/Till Penzek, Tulipan-Verlag), ein Tablet, ein QR-Code-Scanner, W-LAN, ggf. die App *Actionbound*, ggf. ein QR-Code-Generator

QR-Codes (aus dem Englischen: Quick Response = »schnelle Antwort«) sind kleine, schwarz-weiße Digitalcodes, die verschlüsselte Informationen enthalten. Diese quadratischen Infopäckchen sind inzwischen überall zu finden. Eine Variante sind die Barcodes, die Information über den Preis eines Produkts enthalten und an der Kasse eingescannt werden.

Vorbereitung

Sammeln Sie einige Beispiele aus Zeitungen und auf verschiedenen Produkten. Installieren Sie einen QR-Code-Scanner auf dem Tablet. Dieser kann kostenlos im Apple-Appstore bzw. Google-Playstore heruntergeladen werden. Durch die Installation wird die eingebaute Kamera des Tablets zum Scanner, liest also die Informationen des QR-Codes ein und öffnet – sofern Internetzugang vorhanden ist – die verknüpfte Seite im Internet.

So wird's gemacht

Bringen Sie Beispiele für QR-Codes mit und fragen Sie die Kinder, ob sie wissen, was das ist und wo sie die kleinen, quadratischen Kästchen schon mal gesehen haben. Erläutern Sie, dass QR-Codes eine »Computer-Geheimsprache« sind, verschlüsselte Informationen, die mit einem Werkzeug, dem QR-Code-Scanner, entschlüsselt werden können.

Mit dem Bilderbuch »Was ist denn hier passiert?« von Julia Neuhaus und Till Penzek kann das Prinzip veranschaulicht werden: Hinter dem QR-Code verbirgt sich die Vorgeschichte zu den sichtbaren Bildern, die nur das Ende der Geschichte zeigen, z. B. einen fliegenden Hund oder Enten mit Beatles-Perücken. Lassen Sie die Kinder zunächst selbst Vermutungen anstellen und Versionen erfinden, was da wohl passiert sein könnte. Und dann wird gemeinsam geguckt, welche Vorgeschichte der kurze Trickfilm liefert.

Vertiefung

QR-Codes können nicht nur entschlüsselt, sondern wie bei jeder anderen »Geheimsprache« auch selbst erstellt werden und zwar mithilfe eines QR-Code-Generators. Durch diese App kann ein Foto, ein Text, eine Zeichnung oder eben eine Webseite durch einen QR-Code verschlüsselt werden. Wird dieser eingescannt, zeigt er die hinterlegte Information.

Für eine Schnitzeljagd können QR-Codes in der Kita oder auf dem Freigelände versteckt werden. Wenn die Kinder sie einscannen, finden Sie ein Rätsel, eine Frage oder Aufgabe oder den Hinweis auf die nächste Station der Rallye, an der wiederum ein QR-Code angebracht ist. Diese Rallye lässt sich mit der App *Actionbound* (kostenlos für iPad und Android) herstellen, fertige QR-Code-Rallyes lassen sich auch im Internet downloaden.

QR-Code-Ketten …

Mithilfe eines QR-Code-Generators können auch kleine Rätsel, Infos über das Lieblingstier, Hobbys u. Ä. verschlüsselt und als Kette, Armband, Kühlschrankmagnet oder T-Shirt-Aufdruck »veröffentlicht« werden. Die Kinder entwickeln auf diese Weise ein Verständnis für die Bedeutung und Verwendungsmöglichkeiten von symbolischen Darstellungen und setzen dieses für eigene Zwecke um.

Abschluss

Lassen Sie die Kinder erklären, was QR-Codes sind und was man damit machen kann. Machen Sie eine Ausstellung der selbst erstellten QR-Codes und ihrer Präsentationen auf T-Shirts o. Ä. Und vielleicht führen die Kinder eine spontane Umfrage unter Erwachsenen durch: »Was ist ein QR-Code?« Sie werden feststellen, dass viele das gar nicht so genau wissen …

Zum Weiterlesen

www.rananmausundtablet.de/115-0-Coding-mit-Kindern.html
Grundlagenwissen, einführende methodische Ideen und umfangreiche Materialsammlung rund um den Themenkomplex Coding in Kita und Grundschule.

www.kruschel.de/wissen/damals-und-heute/Sprechende_Plakate_14284025.htm
Ein Schüler aus Köln hat »sprechende Plakate« entwickelt und damit einen Wettbewerb für Kinderrechte des Kinderhilfswerks UNICEF gewonnen.

Geschichten erfinden und medial inszenieren

Alter: ab 4 Jahren
Gruppengröße: ganze Gruppe
Dauer: ca. 30–60 Minuten
Material: die Fantasie anregende Gegenstände und Bastelmaterialien, ggf. ein Tablet oder PC, Internetzugang, ein Beamer ggf.

Eine Geschichte zu erfinden ist nicht immer einfach. Manchmal ergibt sich ein Thema durch ein Angebot oder Projekt aus dem Kita-Alltag. Es kann aber auch eine bekannte Geschichte weitererzählt oder variiert werden. Zur Anregung der Fantasie und zur Ideenfindung sind hier einige Methoden zusammengestellt.

Brainstorming als Wörterwolke

Mit Hort-Kindern kann das Brainstorming auch visualisiert werden, klassisch auf einer Wandzeitung oder digital. Dazu werden alle Stichwörter, auch wenn sie doppelt genannt werden, z.B. auf www.abcya.com/word_clouds.htm eingegeben. Es entsteht eine »Wörterwolke«, in der häufiger genannte Begriffe größer dargestellt werden als weniger oft genannte Begriffe. Das Design und die Anordnung der Begriffe kann beliebig variiert werden.

So wird's gemacht

- **Fantasiereisen**: Ein Kriechtunnel, durch den in eine Fantasiewelt gekrabbelt wird … ein großes Schwungtuch, das zu einem Zauberteppich wird … Dazu können passende Fotos per Beamer oder Diaprojektor projiziert werden, z.B. ein verwunschener Wald, eine alte Burg, ein dichter Dschungel, das Innere eines Ameisenhügels … Mit der entsprechenden Moderation werden die Gedanken der Kinder auf die bevorstehende Aktion gelenkt. Dann kann frei assoziiert und/oder gespielt werden.
- **Bilderbox**: Eine Sammlung skurriler Bilder, z.B. sortiert nach verschiedenen Kategorien (Wo?/Wer?/Was?/Wie?/Wann?) – Um die Bilderbox anzulegen und aufzufüllen, bitten Sie Eltern und Kinder, außergewöhnliche Bilder aus Zeitungen, Zeitschriften und Büchern auszuschneiden bzw. zu kopieren. Besonders geeignet sind Bilder, die eine nicht abgeschlossene Handlung zeigen, z.B. eine Person, die am Bahnsteig steht, eine Tür öffnet oder aus

einem Fahrzeug steigt. Wählen Sie ein Bild oder mehrere Bilder aus und überlegen Sie gemeinsam, was da passiert ist oder passieren könnte und wie es weitergeht. Bei mehreren Bildern gilt es dann, den Bezug zueinander bzw. den Übergang herzustellen. Ähnlich funktionieren auch einige ansprechende Bildbände, wie z. B. »Die ganze Welt« von Katy Couprie (2014) oder »Frag mich« von Antje Damm (2015). Sie eigenen sie zum gemeinsamen Angucken, Assoziieren, Erzählen, der Fantasie freien Lauf lassen.

- **Erzählkiste**: Ähnlich der Bilderbox werden Gegenstände gesammelt, die zum Erzählen anregen: Das können vertraute Alltagsgegenstände, wie Küchenutensilien oder Werkzeuge, sein, ungewöhnliche Fundstücke, deren Funktion sich nicht sofort erschließt, anregende Gegenstände, wie z. B. eine alte Flaschenpost, eine schöne Muschel, eine kleine Rakete, ein Zotteltier, eine Schatztruhe oder auch beliebte Medienfiguren. Öffnen Sie die Kiste gemeinsam und lassen Sie die Kinder drei bis fünf Gegenstände auswählen. Oder wählen Sie selbst im Vorfeld einige Dinge aus, die vielleicht sogar zunächst unter einem Tuch verborgen sind und ertastet werden müssen.
- **Fantasiefiguren**: Gemeinsam werden Kreaturen geschaffen, z. B. gemalt oder collagiert. Interessante Gestalten entstehen auch beim verdeckten Malen. Dafür wird zunächst der Kopf gemalt. Dann wird das Papier direkt unterhalb des Kopfes gefaltet und weitergereicht. Ohne zu wissen, wie der Kopf aussieht, wird nun der Körper gemalt usw. Was ist das für ein Wesen? Wo kommt es her? Wo lebt es und was macht es wohl am liebsten?
- **Vorlagen variieren**: Lesen Sie eine bekannte Geschichte bis zum Höhepunkt vor und geben Sie ihr dann eine Wendung, die den Kindern die Möglichkeit eröffnet, den Fortgang der Geschichte neu zu entwickeln.

Abschluss

Notieren und strukturieren Sie die Ideen der Kinder. Nun können die Ideen medial inszeniert werden: von der Idee zum … Bilderbuch/Hörspiel/Trickfilm/Realfilm. Wie das geht, können Sie auf den folgenden Seiten nachlesen.

Zum Weiterlesen

MekoKitaService (Hrsg.): Thema im Blick (Juli 2014): Sommerzeit – Ferienzeit – Medienzeit? Eine Zeit voller Geschichten und: Thema im Blick (Okt. 2017): Geschichten erzählen mal anders. Download: www.familieundmedien-nrw.de/info/meko-kita-archiv.html

www.stories.uni-bremen.de
Das Erzählkabinett von Prof. Dr. Johannes Merkel von der Uni Bremen stellt kostenlos Geschichten zum Vorlesen, Erzählen und Umdichten zur Verfügung.

Von der Idee zum ... Bilderbuch

Alter: ab 5 Jahre
Gruppengröße: ganze Gruppe
Dauer: mind. 2- bis 3-mal ca. 60 Minuten, je nach Länge der Fotogeschichte auch mehr
Material: mind. eine Fotokamera, ein PC (z. B. mit *MS Word*, *MS PowerPoint* oder *OpenOffice*) oder ein Tablet (mit der iOS App *Book Creator*), Verkleidungs- und Schminkutensilien, ggf. Requisiten für verschiedene Szenen

Die Handlung des eigenen Bilderbuchs kann frei erfunden sein oder auch eine Variation bzw. Bebilderung einer bekannten Geschichte, eines beliebten Fernsehfilms oder auch eines Hörspiels.

So wird's gemacht

Wenn Sie die Grundidee festgelegt haben, gilt es, zu überlegen: Was soll passieren? Welche Bilder brauchen wir, damit die Handlung des Bilderbuches verständlich ist? Übrigens kann die eigene Geschichte auch als Comic umgesetzt werden, z. B. mit der Freeware *Comic Life* (von *Plasq*) oder in der iOS App Book Creator.

Verfassen Sie dazu zunächst gemeinsam ein »Drehbuch«, einen Plan der Fotoszenen, denn sonst kann beim Fotografieren leicht der rote Faden verloren gehen. Gemeinsam werden die Schlüsselszenen auf einem großen Bogen Papier skizziert, beim Zeichnen können alle Kinder mithelfen. Nun muss geklärt werden, wer welche Rolle übernimmt, wer welche Szene fotografiert und wer wann für welche Requisiten zuständig ist. Dabei können die Vorschulkinder eventuell sogar schon selbst die jeweiligen Namen auf dem Drehplan notieren.

Der Plan wird dann gut sichtbar aufgehängt und dient während der Bilderbucherstellung als Orientierungshilfe, welche Szenen schon fertig sind und was noch fotografiert werden muss.

Szene für Szene wird dann geknipst. Fragen Sie dabei die fotografierenden Kinder immer wieder, ob ihnen das Foto so gefällt, ob wirklich nur das im Bild ist, was zur Szene dazugehört, ob das Wesentliche richtig »rüberkommt«. Das unterstützt die Auseinandersetzung mit Gestaltungsfragen. Regen Sie auch einen Wechsel der Perspektiven an, denn je nach Bildaussage ist eine Aufnahme aus der Frosch- oder der Vogelperspektive eindrucksvoller als aus der Normalperspektive.

Vogel-, Frosch- und Normalperspektive

Aus der **Froschperspektive**, also von unten aufgenommen, wirkt das Modell – natürlich auch abhängig von Gesichtsausdruck und Körperhaltung – viel mächtiger und eindrucksvoller als aus der **Vogelperspektive**, die einen eher klein und hilflos erscheinen lässt. Aus der **Normalperspektive** zu fotografieren, bedeutet, auf Augenhöhe des Motivs zu sein. Wenn also Kinder Erwachsene aus der Normalperspektive aufnehmen wollen, müssen sie sich auf einen Stuhl stellen. Wollen Erwachsene Kinder normalperspektivisch fotografieren, dann müssen sie in die Knie gehen.

Sind alle Fotos gemacht, kann das Bilderbuch ganz klassisch mit Tonkarton, Kleber, Schere und Stiften zusammengebastelt und gebunden werden.

Aber natürlich können die Fotos auch digital zusammengestellt und je nach verwendetem Programm noch mit Sprechblasen, Untertiteln u. Ä. ergänzt werden, z. B. mit einem Textverarbeitungs- oder Präsentationsprogramm, wie *MS Word*, *MS PowerPoint* oder *OpenOffice*, einer App, wie *Book Creator,* oder mit der Gestaltungssoftware von Fotobuch-Anbietern.

Tipp

Ausführliche Schritt-für-Schritt-Anleitungen zu den Programmen finden Sie hier zum kostenlosen Download: www.blickwechsel.org/medienpaedagogik/praxis-methoden/304-von-der-idee-zum-bilderbuch.

Abschluss

Schauen Sie sich das selbst erstellte Bilderbuch gemeinsam an. Wenn es digital vorliegt, kann die Bilderbuchbetrachtung als Bilderbuchkino gestaltet werden, damit kommt dem eigenen Werk noch mehr Würdigung zu. Fragen Sie die Kinder, wie das Buch entstanden ist, wie sie von der Idee zum Buch gekommen sind, um die einzelnen Schritte und das Erarbeitete und Gelernte nochmal bewusst zu machen und zu festigen.

Zum Weiterlesen

www.medienpaedagogik-praxis.de/2015/01/27/ebooks-selbst-machen-1-4-die-basics/ Artikelserie zur Erstellung von E-Books mit Tipps und Orientierungshilfen zu Dateiformaten, Produktionsumgebungen und Leseprogrammen.

www.rossipotti.de Literaturlexikon für Kinder

Von der Idee zum … Hörspiel

Alter: ab 4 Jahre
Gruppengröße: ganze Gruppe
Dauer: 30–60 Minuten, je: nach Länge/Komplexität des Hörspiels auch mehr
Material: mind. ein Easi-Speak-Mikrofon oder ein Tablet, ggf. Materialien zum Geräuschemachen (vgl. dazu die Geräuschrezepte auf www.auditorix.de in der Rubrik »Geräusche«)

Es ist nicht nur der Text einer Geschichte, der in einem Hörspiel erzählt wird, erst durch die Kombination von Stimmen, Geräuschen und Musik wird aus einem »Hörbuch« ein »Hörspiel«. Das Zusammenspiel sorgt dafür, dass wir »Bilder sehen«, obwohl wir nur hören.

Vorbereitung

Machen Sie Probeaufnahmen, um die Technik zu testen. Treffen Sie mit den Kindern Absprachen, am wichtigsten ist »Ruhe bitte!«, wenn aufgenommen wird! Alle sprechen laut genug ins Mikrofon sprechen, aber auch nicht zu laut, sonst knackt es.

So wird's gemacht

Achten Sie besonders bei den ersten Hörspiel-Versuchen darauf, dass die Geschichte nicht zu lang ist, sonst wird es zu kompliziert und ermüdend für die Kinder. Sie können auch spontan ein Hörspiel improvisieren, indem Sie den Kindern kurze Fragen stellen, die nicht mit aufgenommen werden. Den Anfang macht z. B. der klassische Satz »Es war einmal …«.

Hörspiel-Improvisation: Es war einmal …

(Mikro ein) Es war einmal … (Mikro aus) *ein Tier: Was für eins?* (Mikro an) Es war einmal ein Mammut. (Mikro aus) *Wie sah das Mammut aus?* (Mikro an) Das Mammut war groß und zottelig. (Mikro aus) *Wie hieß es?* (Mikro an) Es hieß Mamuti. (Mikro aus) *Was machte Mamuti?* (Mikro an) Mamuti stapfte gelangweilt durch den Wald. (Mikro aus) *Was passierte dann?…*

Reihum sprechen die Kinder einen Satz ins Mikro. So ist innerhalb weniger Minuten eine kleine Geschichte entstanden, die nun gemeinsam angehört wird.

Da bei Hörspielarbeiten volle Konzentration und absolute Ruhe notwendig ist, sollten die Konzentrationsphasen nicht zu lang angesetzt sein. Planen Sie Bewegungspausen ein, z. B. einen Stopp-Tanz.

Vertiefung

Wenn Ihnen mehr Zeit zur Verfügung steht, kann eine umfangreichere Geschichte erfunden werden (vgl. dazu S. 38). Diese wird aufgeschrieben und einmal ganz vorgelesen. Die Kinder erhalten die Aufgabe, beim Vorlesen schon zu überlegen, ob ihnen zur Geschichte, zu den Bildern, die durch die Geschichte in unserem Kopf entstehen, passende Geräusche einfallen. Anschließend wird die Geschichte absatzweise nochmals gelesen, Stück für Stück wird überlegt, mit welchen Geräuschen die Geschichte untermalt werden könnte. Es sollten mindestens so viele Geräusche ausgedacht werden wie Kinder mitmachen, sodass jedes Kind wenigstens ein Geräusch machen kann.

Für das Hörspiel sollte ein »Drehbuch«, ein Plan der Hörspielszenen, erstellt werden, damit der Überblick nicht verloren geht. Notieren Sie auf einer Wandzeitung, z. B. in der linken Spalte, Satz für Satz die Geschichte. Schreiben Sie daneben, wer welchen Satz vorträgt. Meistens können die Kinder »ihren« Satz schnell auswendig, als Gedächtnisstütze kann der Satz aber auch mit einigen Symbolen visualisiert werden. In einer weiteren Spalte werden dazu die jeweiligen Geräusche und die dafür zuständigen Kinder vermerkt.

Und dann kann es losgehen: »Achtung, Aufnahme! Ruhe bitte!« Während ein Kind den Satz vorträgt, geben Sie den anderen das Zeichen, wenn ihr Geräusch an der Reihe ist. Sind Text und Geräusche aufgenommen, wird die Aufnahme beendet und geklärt, wer als Nächstes an der Reihe ist.

Abschluss

Hören Sie sich gemeinsam das Hörspiel an. Fragen Sie die Kinder, wie die Aufnahmen entstanden sind, woher die Geräusche kamen und worauf beim Aufnehmen geachtet werden musste.

Zum Weiterlesen

www.ohrenspitzer.de
Viele Anregungen und Beispiele, die über die Arbeit mit Hörspielen, über Experimentieren und Produzieren die Zuhörkompetenz fördern.

Von der Idee zum ... Trickfilm

Alter: ab 5 Jahre
Gruppengröße: in Kleingruppen (3–5 Kinder)
Dauer: mind. 60 Minuten, je nach Länge des Trickfilms auch mehr
Material: eine digitale Fotokamera, ein PC oder ein Tablet das kostenlose Programm Stop Motion Studio, ein Stativ, Requisiten für den Film, ggf. iOS-App *Malkino*

Kinder sind von Trickfilmen fasziniert und deshalb schnell dafür zu begeistern, mal selbst einen zu drehen. Dabei lernen sie, wie Trickfilme entstehen, und können ihre Kreativität und Fantasie ebenso einbringen wie ihre Medienerlebnisse und -vorlieben.

Vorbereitung

Durch das Basteln eines Daumenkinos können Kinder anschaulich das Prinzip des Trickfilms, also der Bewegungsillusion, nachvollziehen. Anregungen und Vorlagen dazu finden Sie z. B. auf www.blickwechsel.org/medienpaedagogik/praxis-methoden/111-das-daumenkino.

So wird's gemacht

Achten Sie bei den ersten Trickfilm-Versuchen darauf, dass die Handlung möglichst einfach bleibt, sonst verlieren die Kinder schnell den Überblick und dann auch die Lust. Lassen Sie z. B. ein Plüschtier, ein Hausschuh oder ein Stück Obst über den Tisch »wandern«. Die Kinder »beleben« die Figuren dadurch, dass sie diese immer dann Stück für Stück vorrücken, wenn die Kamera aus ist, denn die Hände sollen nicht mit aufgenommen werden. Achten Sie darauf, dass nicht am Stativ geruckelt wird, denn es soll sich nur die Figur bewegen und eben nicht das ganze Bild. Schritt für Schritt wird die Figur ein kleines Stück weiterbewegt und jeweils fotografiert – bis sie einmal über den ganzen Tisch gewandert ist. Dieser erste Versuch verdeutlicht den Kindern das Prinzip und erleichtert die Planung für die Umsetzung der eigenen Geschichte als Trickfilm. Beim Angucken wird schnell deutlich, ob die Bewegungen zu groß sind oder doch ab und an am Stativ geruckelt wurde. Trickfilmarbeit ist Präzisionsarbeit, die mit einem tollen Ergebnis belohnt wird.

Tipp

Gestalten Sie gerade bei den ersten einfachen Trickfilmversuchen die Bewegungen der Figur so, dass sie »geschlossen« sind, d. h., die Figur kommt am Ende ihrer Bewegung dort wieder an, wo sie losgelaufen ist. Dann können die geknipsten Fotos später im Film mehrfach aneinandergehängt werden, die Figur läuft mehrmals im Kreis herum. So haben die Kinder dann bei gleichem Aufwand einen deutlich längeren Film.

Anleitungen zur Arbeit mit verschiedenen Trtickfilmprogrammen finden Sie hier: www.rananmausundtablet.de/105-0-Trick-Film-Schnitt.html.

Überlegen Sie anschließend gemeinsam, welche Figuren für die eigene Geschichte benötigt werden. Diese werden dann zusammen gesucht oder gebastelt. Als Hintergrund für die Szenerie kann z. B. ein einfarbiges Tuch, ein Bogen Tonkarton oder auch ein großes, thematisch passendes Foto (matt, nicht hochglanz) verwendet werden. Einen schönen Hintergrund gibt auch ein Stück weiße Raufasertapete ab, die mit Wasser- oder Acrylfarbe passend bemalt wird. Beim Filmen mit dreidimensionalen Figuren wird der Filmhintergrund an der Wand festgeklebt, für zweidimensionale Figuren auf dem Tisch befestigt.

Ist die Szene eingerichtet, kann das Fotografieren losgehen, allerdings nicht bevor jedes Kind weiß, wann es an der Reihe ist, die Figuren zu verschieben bzw. die Kamera zu betätigen. Achten Sie darauf, dass sich nicht zu viel auf einmal bewegt, denn sonst entsteht nur ein buntes Gewusel im Film und die Handlung ist nicht mehr zu erfassen.

Auch Zeichentrickfilme können ganz leicht mit Kindern produziert werden, in dem Strich für Strich die Entstehung eines Bildes geknipst oder z. B. mit der App *Malkino* (für iOS) gearbeitet wird.

Abschluss

Gucken Sie sich den Trickfilm zusammen an und lassen Sie die Kinder nochmals erklären, wie der Film entstanden ist. Fragen Sie auch einmal im örtlichen Bürgerfernsehen nach, ob die Trickfilme ausgestrahlt werden können!

Zum Weiterlesen

www.filmothek-nrw.de/publikationen
Medienpraktische Leitfäden zum Download, z. B.: »Trickfilm to go« und: »klicken! gestalten! entdecken!«.

Von der Idee zum ... Realfilm

Alter: ab 5 Jahre
Gruppengröße: ganze Gruppe oder in Kleingruppen (5–10 Kinder)
Dauer: mind. 2- bis 3-mal ca. 60 Minuten, je nach Länge des Films
Material: eine Videokamera oder eine Fotokamera mit Videofunktion, ein PC oder ein Tablet, ein Videoschnittprogramm, z.B. VideoPad oder ShotCut, *iMovie* für iOS oder FilmoraGo oder *PowerDirector* für Android, ein Stativ, ein Beamer, Verkleidungs- und Schminkutensilien, Requisiten für den Film.

Auch Fernsehen will gelernt werden. Indem Kinder selbst aktiv werden, Drehbücher verfassen, schauspielern und filmen, lernen sie die Film- und Fernsehwelten zu durchschauen und agieren kreativ und engagiert in einem Gruppenprozess.

Vorbereitung

Testen Sie die Technik: Läuft die Videokamera? Akku geladen? Klappt die Verbindung von Kamera und Beamer?

So wird's gemacht

Als Einstieg in die Filmarbeit eignen sich die Methodenbausteine zur Filmsprache (S. 86). Auch Gespräche bzw. Interviews über Fernsehvorlieben, das Vorspielen einer kurzen Sequenz aus der Lieblingsfernsehserie oder der Stopp-Trick kann zum warm werden mit der Videotechnik dienen (vgl. »Stopp-Tricks« S. 122). Schauspiel- und Sprechübungen, Pantomime und Tanz stärken verbale und nonverbale Ausdrucksformen, z. B. als Aufwärmübungen oder als spontane Spiele zwischendurch.

Bei den ersten eigenen Filmen sollte das Vorhaben weder zu lang noch zu komplex sein. Erstellen Sie gemeinsam auf einem großen Bogen Papier einen Drehplan. Dieser sollte skizzenhaft festhalten, wer mitspielt, wo gedreht wird und welche Hilfsmittel benötigt werden. Achten Sie darauf, dass jedes Kind beteiligt ist, eine kleine Rolle oder eine Aufgabe hat und dass jedes Kind wenigstens einmal Kamerakind ist.

Besprechen Sie vor Drehbeginn mit den Kindern, wie wichtig Absprachen beim Filmen sind. Was wäre z. B., wenn die Schauspieler/innen einfach anfangen würden, zu spielen, ohne dass die Kamera eingeschaltet wurde?

Ganz wichtig ist deshalb, dass sich alle an das Kommando »Ruhe bitte! Kamera läuft!« halten.

Und vielleicht können Sie ja auch gemeinsam eine Filmklappe bauen oder organisieren, die dann jeweils den Beginn der einzelnen Szenen markiert. Auch wenn man die Filmklappe eigentlich nur braucht, wenn Bild und Ton getrennt aufgenommen werden, so wie es ja beim Profifilm der Fall ist, verleiht die Filmklappe den Dreharbeiten in der Kita einen Hauch von Professionalität und hilft außerdem dabei zu zeigen: Achtung, Ruhe bitte, Kamera läuft!

Dann gilt es, Drehorte (in der Kita oder auch außerhalb) zu bestimmen und Kostüme und Requisiten zu besorgen bzw. herzustellen. Was ist im Kindergarten vorhanden? Wer kann was mitbringen? Wenn alles geklärt ist, kann es endlich losgehen.

Die einzelnen Szenen müssen nicht in der für den Film richtigen Reihenfolge gedreht werden. Sie können später im Schnitt sortiert werden. Gerade für Kindergartenkinder ist es aber einfacher, den Film in der Reihenfolge zu drehen, wie er später auch angesehen wird. »Zerteilen« Sie die Szenen in kurze Sequenzen, bei denen zwischendurch immer mal wieder die Kamera ausgemacht wird, um die Einstellung, Perspektive oder den Kamerastandort zu wechseln. Denn das wird auch beim »echten Film« gemacht.

Tipp

Wenn Ihnen eine zweite Kamera zur Verfügung steht, dokumentieren Sie die Dreharbeiten. So kann der Entstehungsprozess festgehalten werden und die Kinder können später erklären: »Und so wird's gemacht ...!«
Anleitungen zur Arbeit mit verschiedenen Videoschnittprogrammen finden Sie hier: www.rananmausundtablet.de/4-0-Materialkiste.htm

Wenn alle Szenen gedreht sind, kann das gesamte Material gesichtet und dann mithilfe eines Videoschnittprogramms nachbearbeitet werden. Dabei verlieren gerade kleinere Kinder schnell die Lust, vermeiden Sie also zu großen Perfektionismus.

Abschluss

Wenn der Film fertig ist, kann zur Premierenfeier geladen werden: Einladungskarten, ein Filmplakat und Popcorn sorgen für das richtige Premieren-Gefühl.

Top oder Flop? Spielbewertungen

Alter: ab 5 Jahren
Gruppengröße: ganze Gruppe
Dauer: pro Bewertung ca. 60 Minuten
Material: ein PC oder Tablet, ein Beamer, ausgewählte Programme

Kinder sind von den digitalen Spielewelten begeistert, die bunten Bilder in Kombination mit Bewegung, Geräuschen und Stimmen und den zu lösenden Aufgaben faszinieren sie. Aber bei Weitem nicht alles, was auf dem digitalen Spielemarkt angeboten wird, genügt pädagogischen Qualitätsansprüchen. Daher muss eine durchdachte Auswahl getroffen werden und es macht Sinn, Kinder für Qualitätskriterien und Marktinteressen zu sensibilisieren.

Vorbereitung

Treffen Sie eine geeignete Vorauswahl. Orientierungshilfen zur Auswahl von Apps finden Sie z. B. hier: www.blickwechsel.org/medienpaedagogik/surftipps/app-gecheckt-tipps-empfehlungen. Übrigens: Sie müssen die Software nicht kaufen. Viele Bibliotheken haben eine umfangreiche Auswahl in ihrer Mediothek.

So wird's gemacht

Lassen Sie die Kinder erzählen, ob sie schon mal am Computer, Tablet oder Smartphone gespielt haben, und wenn ja, was für Spiele das waren, was sie da machen mussten und ob ihnen die Spiele gefallen haben.

Erarbeiten Sie aus den Erzählungen der Kinder gemeinsam eine Liste von Bewertungskriterien.

Einigen Sie sich auf maximal fünf bis sieben Punkte, die gemeinsam bewertet werden, und überlegen Sie zu jedem der Punkte ein kleines Bild, das dazu auf den Bewertungsbogen gezeichnet wird.

Und dann kann die Bewertung starten. Schließen Sie den Computer bzw. das Tablet an den Beamer an und starten Sie das Spiel. Legen Sie vorher fest, welche Kinder bei dieser Bewertung mitspielen und welche nur gucken und Tipps geben.

Beispiele für Bewertungskriterien

- Macht das Spiel Spaß?
- Gefallen euch die Figuren?
- Gefallen euch die Musik und die Stimmen?
- Wie sind die Aufgaben? Lösbar? Schwierig? Zu schwer?
- Gibt es gute Erklärungen/Hilfestellung?

Einen Beispielbogen zum Download finden Sie hier: www.blickwechsel.org/medienpaedagogik/praxis-methoden/324-kinder-bewerten-spiele.

Etwa zehn Kinder können aktiv mitspielen und sind dann zwei bis drei Minuten an der Reihe mit Klicken bzw. Tippen und Wischen. Nach rund 30 Minuten wird das Spiel beendet. Achten Sie auf einen sinnvollen Spielausstieg, denn wie bei Gesellschaftsspielen sollte eine Spielphase zu Ende geführt werden können.

Mit Sternchen, Smileys, Punkten o. Ä. geben die Kinder dann ihre Wertung zu den einzelnen Kriterien ab und erklären ihre Meinung. Die Ergebnisse können z. B. in der Kita ausgehängt oder in der Kita-Zeitung veröffentlicht werden.

Vertiefung

Vergleichen Sie mit den Kindern z. B. die klassische Brettspielvariante oder das Bilderbuch mit der digitalen Version. Fragen Sie nach und lassen Sie die Kinder ihre Meinung begründen. Schärfen Sie das Bewusstsein für die Unterschiedlichkeit, dass man ein Puzzle u. Ä. sehr gut klassisch am Tisch spielen kann, während es andere Spiele gibt, die eben als App toll sind.

Abschluss

Legen Sie gemeinsam eine Mappe an, in der alle Bewertungen gesammelt werden. Besprechen Sie mit den Kindern, was ein gutes Spiel ausmacht und was nicht so gut ist. Und bei Apps gilt es zu bedenken, dass kostenlos nicht unbedingt gleich umsonst ist. Die Hersteller verdienen womöglich auf andere Weise: durch Nutzerdaten oder den Verkauf von zusätzlichen Spielelementen (In-App-Käufe).

Zum Weiterlesen

www.datenbank-apps-fuer-kinder.de
App-Datenbank des DJI in Kooperation mit Blickwechsel e. V., klick-tipps.net und Stiftung Lesen

Von Schlaumäusen und Fragenbären …

Alter: ab 5 Jahren
Gruppengröße: in Kleingruppen (2–4 Kinder)
Dauer: ca. 30 Minuten pro Aktion
Material: ein PC oder Tablet pro Kleingruppe, ausgewählte Software

Gute Edutainment-Programme (»Edutainment« setzt sich zusammen aus »Education« = »Erziehung« und »Entertainment« = »Unterhaltung«) ermöglichen Kindern spielerisches Lernen in einem altersangemessenen Tempo und fördern die Entwicklung eigener Lösungsstrategien durch konstruktives Fehlerhandling. Aber das gilt längst nicht für alles, was auf dem digitalen Spielemarkt angeboten wird.

Vorbereitung

Die Herausforderung für pädagogische Fachkräfte besteht darin, aus dem riesigen Angebot auszuwählen und die Auswahl sinnvoll in den pädagogischen Kontext zu integrieren. Datenbanken und Informationsportale im Internet bieten hier Orientierungshilfen und Unterstützung (vgl. dazu »Top oder Flop? Spielbewertungen« auf S. 48).

Wählen Sie einzelne Titel aus, die zu Ihrem Vorhaben passen, z. B.:

- »Schlaumäuse« (kostenlos für Kitas, Infos auf www.schlaumaeuse.de)
- »Fragenbär« (kostenloses Probespielen, Infos auf www.spielend-lernen-verlag.de)
- »Emil & Pauline« (auch kostenlose Arbeitsblätter zum Download, Infos auf www.emil-und-pauline.de)

Auch viele beliebte Medienfiguren haben ansprechende digitale Spielangebote, viele davon auch durchaus empfehlenswert, z. B. *Drache Kokosnuss*, *Käpt'n Sharky*, *Lauras Stern*, *Janosch*, *Olchi-ABC* …

Schauen Sie sich die ausgewählte Software im Vorfeld an, damit Sie wissen, welche Sequenzen aus dem Spiel für Ihre Zwecke geeignet sind. Spielen Sie die Spiele an und machen Sie bewusst Fehler, um zu sehen, wie die Software darauf reagiert, inwiefern Unterstützung gegeben wird, um auf die richtige Lösung zu kommen.

Tipp

Sie müssen die Software nicht unbedingt kaufen, viele Bibliotheken haben eine umfangreiche Auswahl in ihrer **Mediothek**, so können Sie sich erst einmal einen Überblick verschaffen. Auch den Kindern macht ein Besuch in der Bibliothek viel Spaß. Gemeinsam kann in den Regalen gestöbert und eine Auswahl getroffen werden.
Auch das Zusammenstellen von **Bücherkisten** oder **Materialboxen** zu bestimmten Themen bieten viele Bibliotheken an. Diese Kisten sind eine tolle Möglichkeit, ein Thema vielseitig zu bearbeiten und durch den Einsatz ausgewählter Software noch zu vertiefen.

So wird's gemacht

Treffen Sie mit den Kindern vor Spielbeginn Absprachen darüber, wer beginnt und wann gewechselt wird. Die Kinder, die gerade nicht an der Maus sind bzw. tippen, dürfen mitraten und Tipps geben. Regen Sie die Kinder dazu an, nicht einfach nur stumm auf die Lösung zu klicken, sondern fragen Sie immer wieder nach, was gemacht werden muss, was die Lösung sein könnte. Bitten Sie die Kinder, ihr Tun zu kommentieren, wenn also z. B. der fehlende Buchstabe geraten werden soll, die infrage kommenden Buchstaben hörbar zu lautieren und zu äußern, welchen Buchstaben sie nehmen, bevor sie ihn zuordnen. So kommen die Kinder miteinander ins Gespräch und unterstützen sich gegenseitig.

Abschluss

Lassen Sie die Kinder nach dem Spiel nochmals erklären, was sie gespielt haben, worin die Aufgaben bestanden. Und fragen Sie nach, ob ihnen das Spiel gefallen hat. Lassen Sie die Kinder ihre Meinung immer begründen.

Und laden Sie doch auch mal die Eltern zu einem gemeinsamen Eltern-Kind-Spieleangebot ein. So haben auch sie die Möglichkeit, qualitativ hochwertige Software kennenzulernen.

Zum Weiterlesen

www.rananmausundtablet.de/76-0-Spiele-unter-der-Lupe.html
Informationen, methodische Anregungen und weiterführende Links rund zur Bewertung von Spiele-Apps mit Kindern.

Emotionen, Soziales Lernen

Fühlen, handeln, reflektieren ...

»Eigentlich braucht jedes Kind drei Dinge: Es braucht Aufgaben, an denen es wachsen kann, es braucht Vorbilder, an denen es sich orientieren kann, und es braucht Gemeinschaften, in denen es sich aufgehoben fühlt.«

Prof. Gerald Hüther

Bildung wird längst nicht mehr rein kognitiv auf Lernen und Wissen beschränkt, sondern berücksichtigt die Entwicklung und Förderung von emotionalen und sozialen Fähigkeiten. Diese sind wesentliche Grundlagen für gelingende Kommunikation, zwischenmenschliche Beziehungen und Lern- und Leistungsmotivation.

Die Ausbildung sozialer und emotionaler Kompetenzen beginnt bereits in der frühen Kindheit. Die Kita spielt also als erste Institution in der Bildungskette eine zentrale Rolle in der Anbahnung der sogenannten »soft skills« oder »social skills«.

Zur emotionalen Kompetenz gehört, Gefühle bei sich und anderen wahrzunehmen, auszudrücken und zu respektieren sowie eigene Gefühle regulieren zu können. Kinder müssen sich in ihren Gefühlsausdrücken ernst genommen fühlen und lernen, Gefühl und Reaktion verhältnismäßig zu gestalten.

Von grundlegender Bedeutung sind stabile Bindungen und die Erfahrung der Selbstwirksamkeit. Kinder ernst zu nehmen, ihnen etwas zuzutrauen, sie selbstständig handeln und probieren zu lassen, und ihnen die Möglichkeit zu geben, durch Versuch und Irrtum zu lernen, stärkt ihre Selbstwirksamkeitserwartung und damit ihr Selbstwertgefühl, ihre Motivation und Lernbegeisterung. Medien und ihre Inhalte können diesen Prozess begleiten, unterstützen und dokumentieren.

Literatur

Ebert, S. (2008): Ich, du, wir und die Anderen. Soziale Bindung im Kindergarten. In: Dies. (Hrsg.): Die Bildungsbereiche im Kindergarten. Orientierungswissen für Erzieherinnen. Freiburg im Breisgau.

Schneewind, J. (2008): Die Welt erschließt sich auch über Gefühle. Zur Entwicklung emotionaler Kompetenzen im Kindergarten. In: Ebert, S. (Hrsg.): Die Bildungsbereiche im Kindergarten. Orientierungswissen für Erzieherinnen. Freiburg im Breisgau.

Ich – Du – Wir! Selbst-Bilder

Alter: ab 4 Jahre
Gruppengröße: in Kleingruppen (3–5 Kinder)
Dauer: ca. 60 Minuten
Material: mind. eine Fotokamera oder ein Tablet, ein Stativ, ein großer Spiegel, Schminke, Verkleidungsutensilien, ggf. ein PC, ggf. ein Drucker

Wie sehe ich mich und wie sehen andere mich? Wie wäre ich gerne? Was kann ich schon alles? Was gefällt mir an mir und was mögen andere an mir? Die Auseinandersetzung mit dem Selbstbild und den Bildern der anderen bietet viel Gesprächsstoff und kann durch Fotos intensiviert werden.

Vorbereitung

Richten Sie im Gruppenraum eine Art Bühne für die Selbst-Bild-Aktion ein: ein körpergroßer Spiegel (der mit einem großen Tuch auch verdeckt werden kann), daneben ein Koffer mit Verkleidungsutensilien (der bei Bedarf auch geschlossen wird), der Hintergrund sollte möglichst ruhig sein, dafür kann eine Wand z. B. mit einem einfarbigen Tuch abgehängt werden. Befestigen Sie die Kamera auf einem Stativ. Und kontrollieren Sie im Display, ob ein Stuhl oder Hocker mit einem Kind darauf gut im Foto zu sehen ist.

So wird's gemacht

Bevor der Spiegel und der Verkleidungskoffer zum Einsatz kommen, können sich die Kinder gegenseitig ganz »neutral« ohne Verkleidung fotografieren. Ein Kind setzt sich auf den Stuhl vor die Kamera, die anderen bilden eine Schlange am Stativ. »Achtung, Aufnahme! Spaghetti!« Auslöser drücken. Kontrollieren Sie kurz, ob das Foto im Kasten ist, dann nimmt das Kamerakind auf dem Stuhl Platz, das nächste Kind in der Schlange drückt auf den Auslöser usw.

Dann öffnen Sie den Koffer: Der große Spiegel und die Verkleidungsutensilien regen zum Rollenspiel und Experimentieren an. Lassen Sie den Kindern Zeit zum Ausprobieren. Jedes Kind darf beliebig in Rollen schlüpfen und Gesichter ziehen. Nach etwa fünf bis zehn Minuten startet die erste Fotosession: Welche Grimasse oder Verkleidung soll aufs Foto? Wechseln Sie mehrfach zwischen Verkleidungsspiel und Präsentieren vor der Kamera ab.

Anschließend werden die Fotos gemeinsam auf dem Computer oder per Beamer projiziert betrachtet. Fragen Sie die Kinder, wie ihnen die Fotos gefallen, welches von sich – aber auch von den anderen – sie am besten finden, in welcher Verkleidung sie sich besonders wohl gefühlt haben und warum.

Stopp-Tanz-Fotos

Sie können diese Fotoaktion auch wie einen Stopp-Tanz gestalten: Während die Musik spielt, können die Kinder sich verkleiden und vor dem Spiegel agieren. Sobald die Musik stoppt, erstarren alle in ihrer Aktion und werden von einem vorher festgelegten Kamerakind geknipst. Machen Sie davon mehrere Durchgänge, sodass jedes Kind auch mal Kamerakind sein kann.

Abschluss

Neben der Auseinandersetzung mit der Selbst- und der Fremdwahrnehmung sowie mit eigenen Vorlieben und Fähigkeiten können die Fotos auch daraufhin betrachtet werden, ob sie den Kindern von der Gestaltung her gefallen. Wie ist die Bildaufteilung? Der Hintergrund? Lenkt etwas vom Motiv ab? Aus welcher Perspektive wurde fotografiert? Kommt das Motiv/Modell so rüber wie beabsichtigt bzw. wie man das Kind kennt oder wirkt es anders/fremd? Warum könnte das so sein?

Aus den Porträts und den Variationen können Sie gemeinsam z. B. einen Geburtstagskalender oder ein Gruppen-Memory® gestalten, bei dem zu einem verkleideten Kind z. B. das unverkleidete Originalfoto gesucht werden muss oder zu einer Grimasse das »Normalgesicht«. Die Fotos können natürlich auch für das eigene Portfolio verwendet werden.

Zum Weiterlesen

Calvert, K./Schreiber, R. (2015): Selbstkompetenz stärken mit dem Bilderbuch »ich« von Philip Wächter. Weinheim.

Ebert, M./Abend, S. (2014): Fotografieren für Kinder. Kinder entdecken die Welt der Fotografie und wie man die Welt fotografiert. Heidelberg.

Fink, M. (2016): Wut – starke Gefühle erleben. Weinheim.

Kurt, A. (2015): Anders sind wir alle. Weinheim.

Emotionen-MixMax – Stimmungsbilder

Alter: ab 4 Jahren
Gruppengröße: ganze Gruppe oder in Kleingruppen
Dauer: 60–90 Minuten, ggf. an mehreren Tagen
Material: eine Fotokamera oder ein Tablet, ein Stativ, ein Drucker

Woran erkenne ich bei anderen, wie es ihnen geht, und woran erkennen die anderen das bei mir? Wie sehe ich aus, wenn ich fröhlich, wütend oder traurig bin? Sehen alle gleich aus, wenn sie lachen? Wie verändert sich mein Gesicht, wenn ich wütend bin? Das Erkennen von Gefühlen schult die Selbst- und die Fremdwahrnehmung und fördert Empathiefähigkeit.

Vorbereitung

Fragen Sie die Kinder, ob sie sich an Situationen erinnern, in denen sie z. B. traurig, wütend, ängstlich oder fröhlich waren. Wieso haben sie sich so gefühlt, was waren das für Situationen? Und welche Gefühle kennen die Kinder noch? Wie sind diese Gefühle im Gesicht und vielleicht sogar an der Körperhaltung zu erkennen? Anschließend versuchen die Kinder, verschiedene Gefühle darzustellen. Es ist gar nicht so einfach, »auf Befehl« wütend, traurig oder glücklich auszusehen. Erkennen die anderen Kinder, welches Gefühl dargestellt wird?

So wird's gemacht

Nun werden Porträts und eventuell auch Ganzkörper-Fotos aufgenommen. Jedes Kind stellt mehrere Gefühle dar und wird von einem anderen Kind dabei geknipst. Der gleiche emotionale Ausdruck kann auch einmal mit und einmal ohne Sonnenbrille aufgenommen werden. So wird deutlich, welche Bedeutung die Augen für den Ausdruck bzw. die Erkennbarkeit von Emotionen haben.

Tipp

Wenn die Fotos für ein »MixMax«-Spiel verwendet werden sollen, achten Sie darauf, dass sie bei ähnlichen Lichtverhältnissen, aus derselben Entfernung und vor demselben Hintergrund aufgenommen werden, denn dann lassen sich die Bildteile später besser zum »Emotionen-MixMax« zusammenpuzzeln.

Anschließend werden die Fotos möglichst auf DIN-A4-Größe ausgedruckt. Für das »Emotionen-MixMax« werden dann alle Porträts bzw. Ganzkörper-Fotos gleichmäßig in mehrere Teile zerschnitten und ggf. laminiert. Fertigen Sie sich dazu am besten eine Schablone an, damit alle Bildstreifen möglichst gleich groß sind. Beschriften Sie die Fotos rückseitig, damit immer nachvollziehbar und kontrollierbar ist, welche Bildstreifen zusammengehören, welches Kind darauf ist und welche Emotion dargestellt wurde.

Nun kann beliebig auf dem Tisch gemeinsam gemixt werden. Welche Emotion dominiert den Gesichtsausdruck? Der lachende Mund oder die wütenden Augen? Und wenn z. B. die Gesichter verschiedener Kinder aus einer »Gefühlskategorie« miteinander gemischt werden, ist die dargestellte Emotion noch zu erkennen?

Variation

Aus den verschiedenen Fotostreifen kann ein Ratespiel gestaltet werden. Zu welchem Kind gehören diese Augen? Der Mund? Die Nase? Damit wird die bewusstere Beobachtung, die Wahrnehmung der individuellen Besonderheiten angeregt.

Abschluss

Fassen Sie mit den Kindern nochmals zusammen, welche Gefühle es gibt, woran diese zu erkennen sind und wodurch sie ausgelöst werden. Daran kann sich auch ein Gespräch über den angemessenen Ausdruck von und den Umgang mit Emotionen anschließen. Verdeutlichen Sie den Unterschied zwischen Gefühl und Verhalten: Es ist z. B. völlig in Ordnung, wütend auf jemanden zu sein, aber nicht, deswegen jemanden zu hauen. Überlegen Sie gemeinsam, welche anderen Verhaltensmöglichkeiten es gibt, wenn man z. B. wütend auf jemanden ist.

Zum Weiterlesen

Kaemper, S./Westermann, H. (2014): Gefühle entdecken mit dem Grüffelo. Weinheim.

Köhler-Holle, S. (2015): Mach mich frütend! Mimikerlebnisse. In: Dapper, B. (Hrsg.): SEHEN. spielen. staunen. machen. Projektideen für die Kitapraxis. Freiburg im Breisgau.

Nolting, A./Schäufler, K./Scholz, K. (2011): Mein Körper kann fühlen und sprechen. In: Dies.: Körper. Ideen für die Kita-Praxis. Berlin.

Bist du ich? Körper-Tausch-Inszenierungen

Alter: ab 4 Jahren
Gruppengröße: in Kleingruppen (3–5 Kinder)
Dauer: 30–60 Minuten
Material: eine Fotokamera, mind. ein Tablet, die Foto-App MSQRD (für iOS und Android), ein Spiegel (mind. 40 × 30 cm)

Rollentausch- und Verkleidungsspiele machen Kindern viel Spaß. Durch den Einsatz digitaler Technik erleben sie dabei, wie leicht getrickst werden kann und wie echt die Ergebnisse dennoch aussehen.

Vorbereitung

Stellen Sie den Spiegel bereit und laden Sie die Foto-App auf das Tablet.

So wird's gemacht

Für die ersten einfachen »Körper-Tausch-Experimente« hält sich ein Kind einen Spiegel so vor den Körper, dass es gerade noch mit dem Kopf über den Spiegel hinweggucken kann. Nun stellt sich ein etwa gleich großes Kind ihm gegenüber, sodass sein Körper im Spiegel zu sehen ist. Dieser Körpertausch wird von einem dritten Kind fotografiert.

Genauso lässt sich natürlich der Kopf vertauschen: den Spiegel vor den Kopf halten. Ein anderes Kind stellt sich gegenüber und guckt so in den Spiegel, dass der Kopf auf den Körper passt.

Variation

Lassen Sie die Kinder Porträtfotos mit dem Tablet aufnehmen. Ein anderes Kind hält sich anschließend das Porträtfoto auf dem Tablet vor das Gesicht und wird so – mit dem fremden Kopf – fotografiert. So können Personen »real-digital« gemixt werden.

Stehen drei Tablets zur Verfügung, können auf einem nur Köpfe, auf dem nächsten nur Bäuche und auf dem dritten nur Beine fotografiert werden. Dann werden die drei Tablets zusammengelegt und durch »Wischen« entstehen immer neue »MixMax«-Menschen.

Stehen Ihnen keine Tablets zur Verfügung, können Sie auch mit einer normalen Fotokamera »MixMax«-Bilder anfertigen (vgl. dazu S. 56).

Vertiefung

Die kostenlose App *MSQRD* (kurz für »Masquerade« = »Verkleidung«) ermöglicht ohne großen Aufwand eindrucksvolle Verwandlungen. Je nach ausgewähltem Filter verändern sich die Gesichter: Man altert oder wird zum Tier, hat einen Bart oder eine Maske auf. Für besonders viel Spaß sorgt der Gesichtertausch, bei dem zwei nebeneinanderstehende Kinder auf das Display des Tablets gucken und plötzlich feststellen, dass sie sich nicht mehr wiedererkennen, weil die Gesichter vertauscht wurden.

Wird der Auslöser gedrückt, wird die Veränderung im Foto eingefangen. In der App kann auch eine kurze Videosequenz aufgenommen werden, die die Interaktion dokumentiert.

Wenn Sie einen Fokus auf die Alterungsprozesse legen wollen, die mit der App *MSQRD* simuliert werden können, lassen Sie die Kinder auch Familienfotos mitbringen: von sich selbst, als sie noch jünger waren, oder auch von den Eltern oder Großeltern, als diese im Kindergartenalter waren. Sie können daraus auch ein Ratespiel gestalten: Erkennen die anderen Kinder, wer das Kleinkind ist? Wie verändern wir uns mit zunehmendem Alter?

Abschluss

Schauen Sie sich die Fotos und Videos gemeinsam an. Besonders eindrucksvoll wird es, wenn sie über einen Beamer großformatig an die Wand projiziert werden können. Fragen Sie nach, wie sich das anfühlt, den Körper zu tauschen oder plötzlich ganz alt oder ein Tier zu sein. Natürlich geht es in erster Linie um den Spaß am Experimentieren und am Rollenspiel. Sie können aber durchaus auch dazu anregen, die Perspektive der anderen Person oder des Tieres einzunehmen.

Sprechen Sie mit den Kindern auch darüber, wie die Bilder entstanden sind, mit welchen Tricks gearbeitet wurde. Schärfen Sie den Blick der Kinder dafür, dass mit einfachen Mitteln Fotos entstehen können, die täuschend echt aussehen, aber manipuliert sind.

Zum Weiterlesen

www.medienpaedagogik-praxis.de/2015/07/30/app-tipp-morfo-portraitfotos-kreativ-und-witzig-zu-3d-modellen-modellieren/
Mit der App *Morfo* Porträtfotos kreativ und witzig zu 3-D-Modellen modellieren

www.schau-hin.info/extrathemen/kreativ-mit-medien.html
Anregungen, Ideen und Surftipps zur kreativen Mediennutzung

Achtung Aufnahme: 1, 2, 3, 4! Der digitale Passbildautomat

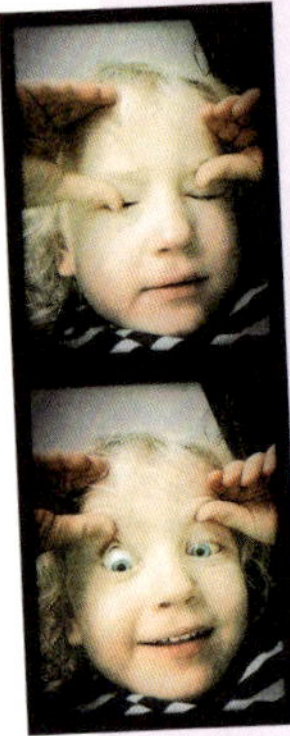

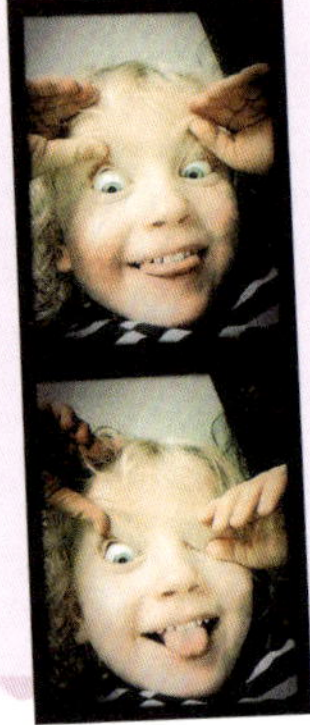

Alter: ab 4 Jahre
Gruppengröße: in Kleingruppen (3–5 Kinder)
Dauer: ca. 30 Minuten
Material: ein Tablet pro Kleingruppe mit Fotostreifen-App, z.B. Incredibooth oder Pocketbooth

Wer kennt sie nicht, die Fotostreifen aus den Passbildautomaten? Ernst gucken für das Ausweisfoto oder unter viel Gelächter mit mehreren in die enge Kabine quetschen, den Auslöser drücken und dann hoffen, im richtigen Moment in die Kamera zu gucken – gelingt nicht immer, macht Spaß und hat mitunter lustige Ergebnisse. Das Tablet ermöglicht es, den Passbildautomaten in die Kita zu holen.

Vorbereitung

Probieren Sie die App zunächst selbst aus, damit Sie wissen, wie Sie den Auslöser betätigen, wie die vier verschiedenen Filter sich auf die Fotos auswirken, wie man von der Außen- zur Innenkamera wechseln kann und wo die fertigen Bilder angesehen werden können. Alle fertigen Fotostreifen werden im JPG-Format abgespeichert und können wie normale Fotos auch in anderen Programmen weiterverwendet werden.

So wird's gemacht

Wenn der »digitale Passbildautomat« gestartet ist, macht er vier Aufnahmen nacheinander. Lassen Sie die Kinder zunächst ausprobieren und sich auf den Takt des Auslösers einstellen: Einzeln oder zu zweit gucken sie in die Kamera und lassen sich knipsen, alle drei Sekunden löst die Kamera aus. Dabei kann »ganz normal« geguckt oder auch nach Lust und Laune Grimassen geschnitten werden.

Wenn die Kinder sich mit der App vertraut gemacht haben, können Sie auch Vorgaben machen: »Ihr seid jetzt ganz wütend/traurig/fröhlich/ängstlich …« Oder auch: »Ihr seid erst fröhlich, dann wütend.« Wahlweise kann dafür auch die Innenkamera genutzt werden, sodass sich die Kinder sehen können, während sie sich fotografieren. Ist das Gefühl auf dem Fotostreifen zu erkennen? Ist zu erkennen, wenn innerhalb eines Fotostreifens das Gefühl gewechselt wird? Ist das jetzt noch ein fröhliches oder schon ein wütendes Gesicht?

Themenvorschläge

- **Strichzeichnung:** Eine einfache Strichzeichnung entsteht, z. B.: »Punkt – Punkt – Komma – Strich« oder »Das – ist – das – Haus – vom – Ni – ko – laus«.
- **Fehlersuchbild:** In einem »Wimmel-Arrangement« aus vielen kleinen Dingen wird bei jedem Foto etwas verändert/entfernt/hinzugefügt.
- **Formenbild:** Ein Formenbild entsteht aus bereitgelegten Formschablonen.
- **Schattentheater:** Jedes Foto zeigt ein anderes Tier.
- **Richtungen und Präpositionen:** So werden rechts, links, oben, unten, vor, hinter, neben, auf … dargestellt.
- **Mengen:** Welche Mengen sind dargestellt? Auf dem ersten Foto fünf Bauklötze, dann werden welche entfernt/hinzugefügt/entfernt …
- **Zahlen- oder Buchstabenreihe:** Die Zeichen werden von Buchcovern abfotografiert oder mit Magnet-/Stempel-/Holzbuchstaben bzw. -zahlen gelegt.
- **Wörter legen:** Ein Wort aus vier Buchstaben wird gelegt: K – I – T – A. Oder es entsteht ein Wort, das sich bei jedem Foto ändert: NASE – HASE – HOSE – DOSE.
- **Fingeralphabet:** Welche(r) Buchstabe(n) wurde gezeigt?

Solche Aufgabenstellungen sind schon eine etwas größere Herausforderung und benötigen klare Absprachen. Es gilt, zu klären, wer was wann wie legt, zeigt, zeichnet, spielt, schreibt … Je genauer die Absprachen und auch je mehr Übung im Umgang mit der Kamera und dem Auslösetakt gegeben ist, desto exakter wird die Fotoreihe.

Abschluss

Gucken Sie sich die entstandenen Fotoreihen gemeinsam an und gehen Sie je nach Themenstellung auf die Fotos ein. Wählen Sie dann gemeinsam mehrere Bildstreifen aus, die ausgedruckt und aufgehängt werden. Die Kinder wählen aus, welche Fotostreifen außerdem in ihr Portfolio aufgenommen werden sollen.

Zum Weiterlesen

medienkindergarten.wien/visuelle-medien
Anregungen für kreative Fotoprojekte

Das bin ICH im Kindergarten ... digitales Portfolio

Alter: ab 3 Jahren
Gruppengröße: in Kleingruppen (3–5 Kinder)
Dauer: jeweils 20–30 Minuten
Material: eine Fotokamera, ein PC (mit Präsentationsprogramm *MS PowerPoint* oder *OpenOffice Impress*) oder Tablet mit den Apps *Book Creator* und *Puppet Pals HD Director's Pass*

Das Portfolio enthält die persönlichen Daten der Kinder sowie Bilder, Fotos von eigenen (Bau-)Werken, Aussagen der Kinder u. Ä. und dokumentiert Entwicklungsfortschritte. Ergänzend zum klassischen Ordner kann jedes Kind auch ein digitales Portfolio führen. Mit der App *Book Creator* oder einer Präsentationssoftware, wie *MS PowerPoint* oder *OpenOffice Impress* lassen sich auf einfache Weise multimediale ICH-Seiten erstellen.

Vorbereitung

Legen Sie für jedes Kind ein eigenes E-Book im *Book Creator* auf dem Tablet bzw. einen eigenen Ordner auf dem Computer an. Hier wird dann alles gesammelt, was die Kinder dokumentieren und erstellen.

So wird's gemacht

Überlegen Sie gemeinsam, was die Kinder im digitalen Portfolio präsentieren wollen: ein »Selfie«, also ein Selbstporträt, Fotos von Lieblingsplätzen, dem Kuscheltier oder der Familie, das Lieblingslied oder ein gefilmter Rundgang durch den Kindergarten ... Die Aufnahmen können dann nach und nach gemacht werden.

Für ein Selfie kann bei der Tablet-Kamera der Kameramodus von der Außen- auf die Innenkamera gewechselt werden. Dann sehen sich die Kinder beim Fotografieren selbst. Dabei werden auch gern Grimassen geschnitten und die Zunge rausgestreckt. Fragen Sie die Kinder, welches Foto ihnen am besten gefällt und als Selbstporträt ins Portfolio aufgenommen werden soll.

Für das digitale Portfolio können natürlich auch Ergebnisse aus anderen Aktionen verwendet werden, z. B. die »Ich-Du-Wir! Selbst-Bilder« (s. S. 54), der eigene Musik-Clip (s. S. 80) oder »Das kann ich schon! Fotodoku« (s. S. 118).

Der digitale Kita-Rundgang

Die Kinder machen zunächst Fotos von den einzelnen Räumen bzw. dem Außengelände. Mit der App *Puppet Pals HD Director's Pass* kann dann – je nach Alter unterschiedlich ausführlich – erklärt werden, welcher Raum auf dem Foto jeweils zu sehen ist und was dort passiert.
Die App ist wie eine Theaterbühne gestaltet. Nachdem die App geöffnet wurde, wird über »Press to start« die eigene Vorführung vorbereitet. Dazu kann zunächst der »Actor« ausgewählt werden. Neben vorgegebenen Charakteren können auch eigene Fotos, also z. B. ein Ganzkörperfoto des Kindes, eingebunden werden.
Im nächsten Schritt wird der Hintergrund, der »backdrop«, ausgewählt. Auch hier können eigene Fotos integriert werden, z. B. die Fotos der Gruppenräume. Maximal fünf verschiedene Fotos können für eine Vorführung verwendet werden.
Und dann kann es losgehen, der Aufnahmeknopf wird gedrückt. Das Kind stellt sich kurz vor und beschreibt dann, welcher Raum gerade zu sehen ist und was dort passiert. Durch Ziehen an den »Schnüren« (oben rechts im Monitor) kann dann das nächste Hintergrundbild gewählt werden. Sind alle Bilder erläutert, wird die Aufnahme beendet.
Der Film kann abgespeichert, exportiert und in anderen Anwendungen, z. B. im *Book Creator*, präsentiert werden.

Abschluss

Gucken Sie sich nach jeder Aktion die Ergebnisse an. Fragen Sie die Kinder, wie die Aufnahmen jeweils gemacht wurden, ob sie ihnen gefallen haben und für das Portfolio verwendet werden sollen. Natürlich kann im Portfolio direkt auch gemalt und geschrieben werden. So können die Kinder z. B. ein Deckblatt ganz nach eigenen Wünschen gestalten.

Zum Weiterlesen

www.bibernetz.de/wws/portfolio-einstieg.html
Portfolios helfen dabei, den Lernprozessen jedes einzelnen Kindes mehr Beachtung zu schenken. Sie dokumentieren den unverwechselbaren Weg der Entwicklung sowie des individuellen Lernens und stellen die Kompetenzen des Kindes dar.

Fthenakis, W. E. (Hrsg.) (2008): Natur-Wissen schaffen: Portfolios im Elementarbereich. Troisdorf.

Mit Perspektiven experimentieren

Alter: ab 4 Jahren
Gruppengröße: ganze Gruppe
Dauer: 30–60 Minuten
Material: eine Fotokamera oder ein Tablet, Sandspielzeug o.Ä.

Je nachdem aus welcher Perspektive fotografiert wird, können Bilder ganz unterschiedlich wirken oder sogar die Wahrnehmung der Wirklichkeit verzerren.

So wird's gemacht

Ein Kind hat die Kamera und bringt sich in Position, ein oder mehrere Kinder bauen sich vor der Kamera auf. Experimentieren Sie nun gemeinsam mit den Perspektiven:

- **Froschperspektive**: Das Kamerakind kniet sich hin und fotografiert von unten. Das fotografierte Kind wirkt größer und mächtiger, eindrucksvoller, je nach Gestik und Mimik vielleicht sogar furchteinflößend.
- **Vogelperspektive**: Das Kamerakind stellt sich auf einen Stuhl und fotografiert von oben. Das fotografierte Kind wirkt eher klein und je nach Gestik und Mimik vielleicht sogar ängstlich und hilflos.
- **Normalperspektive**: Das Kamerakind befindet sich mit der fotografierten Person auf Augenhöhe. Wenn also Kinder Erwachsene aus der Normalperspektive aufnehmen wollen, müssen sie sich auf einen Stuhl stellen. Wollen Erwachsene Kinder normalperspektivisch fotografieren, dann müssen sie in die Knie gehen.

Tipp

Auf www.kinderfotopreis.de/foto-tipps finden Sie Tipps zur Fotografie und zur Arbeit mit Perspektiven.

Die Perspektiven können von Ihnen kommentiert werden: »Du bist ja riesig, wie ist das möglich?« Oder: »Was ist denn mit dir da unten los? Du bist ja winzig klein!«

Und bringen Sie auch mal verschiedene Lichtverhältnisse ins Spiel: Wenn mit der Taschenlampe das Gesicht mal von unten, mal von der Seite, von oben oder von hinten angestrahlt wird, sieht das auch jedes Mal anders aus.

Vertiefung

Mit diesem Prinzip lässt sich auch spielen: Stellen Sie einen Sandeimer, Spielzeugbagger o. Ä. etwa zwei bis drei Meter vor der Kamera auf. Ein Kind stellt sich nun in einer Entfernung von etwa drei bis fünf Metern hinter den Bagger. Bevor das Foto geknipst wird, wird auf dem Display kontrolliert, ob es tatsächlich schon so aussieht, als ob das Kind auf der Baggerladefläche säße. Sonst wird die Position etwas verändert: ein bisschen mehr in die Knie gehen oder einen Schritt nach hinten oder vorn. »Das sieht ja aus, als ob ich im Bagger säße!« Die Kinder sind fasziniert. Ältere Kinder können damit weiterexperimentieren und variieren: ankuscheln an das Riesenplüschtier, im Saftglas baden, auf einem Ball balancieren – alles nur eine Frage der richtigen Perspektive!

Abschluss

Schauen Sie sich die Fotos gemeinsam an. Stellen Sie dabei die drei verschiedenen Perspektiven nebeneinander, sodass die Unterschiede noch deutlicher hervortreten. Fragen Sie die Kinder, warum sie auf dem Foto plötzlich so klein bzw. groß wirken. Lassen Sie sich erklären, wie die Fotos entstanden sind, damit die Kinder in eigenen Worten formulieren, wie sich durch die verschiedenen Perspektiven und eventuell noch schauspielerische Elemente ganz unterschiedliche Wirkungen erzielen lassen.

Und warum sitzen sie plötzlich auf der Ladefläche des Baggers? Sind sie geschrumpft oder ist der Bagger so riesig? Versuchen Sie auch hier, in einfachen Worten das Prinzip herauszuarbeiten. Die Kinder schärfen so auch ihren kritischen Blick und schulen ihr räumliches Verständnis.

Zum Weiterlesen

Roboom, S. (2019): Medienwerkstatt für Kita-Kinder. kindergarten heute – praxis kompakt. Freiburg: Herder.

Auf Sendung: Nachrichten & Meinungen

Alter: ab 4 Jahre
Gruppengröße: ganze Gruppe oder in Kleingruppen (3–5 Kinder)
Dauer: 30–60 Minuten pro Aktion
Material: eine Fotokamera mit Videofunktion oder eine Videokamera oder ein Tablet, ggf. ein Mikrofon, ggf. ein Stativ, ein altes TV-Gehäuse oder ein großer Karton

Das Nachrichten- und Magazinformat ist den meisten Kindern z. B. durch die »logo!«-Kindernachrichten, die »Sendung mit der Maus« u. Ä. bekannt und bietet vielfältige Variations- und Vertiefungsmöglichkeiten, z. B. Themensendungen und Berichte von Kita-Veranstaltungen.

Vorbereitung

Organisieren Sie ein altes Fernsehgehäuse oder einen großen Karton oder großen Rahmen, der als TV-Gerät gestaltet werden kann.

So wird's gemacht

Bieten Sie ein Rollenspiel im begehbaren Fernseher an: Heute gehen wir »auf Sendung«! Die Kinder berichten »dem Publikum vor dem Bildschirm«, also den anderen Kindern, was sie interessiert: Witze, Wetterberichte, TV-Tipps und andere wichtige News. Sie können sich auch über Medienerlebnisse austauschen, über Gesehenes und Gehörtes berichten. Die »Nachrichten« können natürlich auch mit einer Videokamera aufgezeichnet werden. Überlegen Sie dazu gemeinsam, was »gesendet« werden soll, denn auch im »richtigen« Fernsehen wird ja nicht einfach draufloserzählt. Da gibt es ein Script und Probeaufnahmen. Und dann: Kamera an und »Action!«.

Vertiefung

Insbesondere kleine Umfragen schärfen den Blick für die Vielfältigkeit von Meinungen und Vorlieben. Machen Sie dafür zunächst eine Proberunde, bei der die Kinder merken, wie wichtig es ist, wie man Fragen stellt. So merken sie schnell, dass Fragen, die nur mit »Ja« oder »Nein« beantwortet werden, nicht so ergiebig sind, wie offene Fragen, bei denen die Befragten ihre Meinung begründen können. Überlegen Sie gemeinsam, welche Fragen gestellt werden können, z. B. zur Vorstellung der Kita:

- Was gefällt dir am Kindergarten am besten? Wieso?
- Was machst du am liebsten im Freispiel?
- Was hat dir beim Kita-Fest am besten gefallen?

So können zu jedem beliebigen Thema Fragen gesammelt werden, die den anderen Kindern oder z. B. auch Erzieher/innen, Eltern, Nachbarn oder bestimmten Fachleuten gestellt werden.

Abschluss

Sehen Sie sich die Aufnahmen gemeinsam an. Gehen Sie auf die unterschiedlichen Meinungen ein und wie wichtig es ist, offen zu sein, nachzufragen und zuzuhören. Stellen Sie dann die einzelnen Beiträge zu einer Nachrichten- bzw. Magazinsendung zusammen. Das kann z. B. mithilfe des kostenlosen Programms *VideoPad* oder *ShotCut* geschehen oder, wenn mit dem Tablet gefilmt wurde, z. B. mit der App *iMovie* (für iOS) oder FilmoraGo oder *PowerDirector* (für Android).

Tipp

Anleitungen zum Arbeiten mit den jeweiligen Programmen finden Sie hier: www.blickwechsel.org/medienpaedagogik/praxis-methoden/325-von-der-idee-zum-realfilm.

Je nach Thema der Sendung kann der Film beim nächsten Kita-Fest oder Eltern-Kind-Nachmittag präsentiert werden. Wurde ein Bericht über die Einrichtung gemacht, kann er den neuen Eltern und Kindern beim Tag der offenen Tür präsentiert werden.

Zum Weiterlesen

Roboom, Susanne (2019): Medien zum Mitmachen. Impulse für die Medienbildung in der Kita. Herder: Freiburg

www.schau-hin.info/extrathemen/partizipation-und-medien.html
Beitrag zum Thema »Partizipation mit Medien: Mitmachen und informieren«

www1.wdr.de/kultur/film/dokmal
Umfangreiche Informationen und Praxistipps rund ums Filmen

Ästhetik, Musik und Kreativität

Wahrnehmen, gestalten, musizieren …

»Als Kind ist jeder ein Künstler. Die Schwierigkeit liegt darin, als Erwachsener einer zu bleiben.«

Pablo Picasso

Ästhetische Bildung meint nicht Perfektion in der Gestaltung, sondern umfasst alle Bereiche sinnlicher Wahrnehmung sowie deren Entwicklung und Differenzierung, das Fantasieren und Variieren, was ein Blick auf den Wortstamm verdeutlicht: »aisthesis« (griech.) bedeutet »Wahrnehmung, Empfindung« und »creare« (lat.) steht für »(er-)schaffen, hervorbringen«.

Wesentliches Merkmal von Kreativität ist es, etwas neu zu erschaffen, die Fähigkeit zu flexiblem, schöpferischem Denken und Handeln. Kreativitätsförderung beinhaltet also neben künstlerisch-kreativen Angeboten auch die Unterstützung forschender und experimentierender Handlungen. Wesentlich ist dabei Raum für Experimentierfreude, Gestaltungsfreiheit, Material- und Ideenvielfalt, um das freie Erproben, Erfinden und Nutzen individueller Ausdrucksformen zu entwickeln – dazu gehören auch Medien.

Singen und Tanzen, Spielen und Darstellen wurden durch Friedrich Fröbel (1782–1852) im Kindergartenalltag verankert. Musik und Tanz als elementare Bestandteile der Erlebniswelt von Kindern ermöglichen vielfältige Sinneswahrnehmungen und eröffnen Ausdrucksformen für Gedanken, Gefühle, Erlebnisse. Angebote zur musikalischen Bildung unterstützen auch den Spracherwerb und die Konzentrationsfähigkeit, die Kreativität, das Sozialverhalten und die motorischen Fähigkeiten. »Das kreative Potenzial, das im Vorschulalter angelegt wird, bietet die beste Grundlage für den erfolgreichen Einsatz kreativer Arbeitsformen auch im Schulalter.« (Manuela Widmer, www.kindergartenpaedagogik.de/73.html).

Literatur

Braun, D. (2008): Schöpferisch denken, innovativ handeln – ganzheitliche Bildungsentwicklung durch Kreativitätsförderung. In: Ebert, S. (Hrsg.): Die Bildungsbereiche im Kindergarten. Orientierungswissen für Erzieherinnen. Freiburg im Breisgau.

Rittersberger, A. (Hrsg.) (2010): Musik & Rhythmik. Bildungsjournale Frühe Kindheit. Berlin.

Schäfer, G. E. (2008): Wahrnehmen, Gestalten, Denken – Aisthetische Erfahrung als Grundlage frühkindlicher Bildung. In: Ebert, S. (Hrsg.): Die Bildungsbereiche im Kindergarten. Freiburg im Breisgau.

Seh-Reise – Wahrnehmungsparcours

Alter: ab 4 Jahre
Gruppengröße: ganze Gruppe in Kleingruppen (3–5 Kinder)
Dauer: 60–90 Minuten
Material: eine Fotokamera, ein Mikroskop, optisches Spielzeug, ein Kaleidoskop, Daumenkinos etc., ggf. Bastelvorlagen für optisches Spielzeug

Sehen, Hören, Fühlen, Riechen, Schmecken. Um uns in der Welt zu orientieren, müssen wir mit allen Sinnen wahrnehmen und die Informationen verarbeiten. Die Augen sind unser »Fenster zur Welt«, ein hochkomplexes, sehr differenziertes Sinnesorgan, abhängig vom Licht und anfällig für Täuschungen …

Vorbereitung

Um die Aufmerksamkeit auf das bewusste »Hin-Sehen« zu lenken, bieten sich diverse Wahrnehmungsspiele an, z. B.: »Ich sehe was, was du nicht siehst!« oder auch ein Fotorätsel, wie es auf S. 28 in diesem Buch beschrieben ist. Besprechen Sie auch die Rolle, die Licht für das Sehen spielt. Dunkeln Sie dazu den Raum langsam ab und beobachten Sie gemeinsam, wie zunächst die Farben langsam »verschwinden« und schließlich alles in Dunkelheit versinkt und unsichtbar wird.

Bereiten Sie verschiedene Stationen vor, bei denen jeweils eine Auswahl zum Ansehen und Ausprobieren bereitliegt, z. B.:

- optische Täuschungen: Diese finden Sie z. B. in entsprechenden Bildbänden, die in der Bibliothek ausgeliehen werden können oder z. B. auf www.helles-koepfchen.de/optische-taeuschungen.html
- Schatten raten – Schattentheater selbst machen: Anregungen für Schattenfiguren gibt es auf www.labbe.de/zzzebra unter dem Stichwort Schattenfiguren.
- verschiedene Kaleidoskope
- fertige Daumenkinos zum »Durchflitschen«
- optische Spielzeuge wie Wunderscheibe, Zauberrad u. Ä.
- Mikroskop und kleine Dinge, die unter die Lupe genommen werden können

So wird's gemacht

Jede Station sollte von einer Erzieherin betreut werden, die das Experimentieren begleitet und Fragen beantwortet. Wenn das nicht möglich ist, können die Stationen natürlich auch nacheinander an verschiedenen Tagen angeboten werden. Legen Sie dazu einen Pass an, in dem die einzelnen Aufgaben bzw. Stationen beschrieben sind. Wie bei einer richtigen Reise bekommt das Kind bei seiner »Seh-Reise« an jeder Station einen Stempel in seinen Pass.

Optisches Spielzeug selber basteln

Kostenlose Vorlagen und Tipps finden Sie auf www.blickwechsel.org/medienpaedagogik/praxis-methoden/109-optisches-spielzeug.

Vertiefung

Wie leicht sich die Augen täuschen lassen, kann anschaulich durch das Experimentieren mit Perspektiven veranschaulicht werden (vgl. dazu S. 64).

Abschluss

Besprechen Sie mit den Kindern, was sie auf ihrer »Seh-Reise« erlebt haben, was das Sehen mit Licht zu tun hat und wie leicht sich die Augen auch täuschen lassen.

Vielleicht steht das nächste Kita-Fest unter dem Motto »Mit allen Sinnen« und jede Gruppe macht ein Angebot zur Wahrnehmungsförderung, z. B. einen »Fühl-Parcours«, eine »Kost-Bar« mit verbundenen Augen, eine Geräusche-Schnitzeljagd, Nasen-Raten und Riech-Rätsel …

Zum Weiterlesen

MekoKitaService (Hrsg.) (2016): Thema im Blick: Mit allen Sinnen. Erkunden mit und ohne Medien. Download auf www.familieundmedien-nrw.de in der Rubrik »Meko-Kita-Archiv«

Weininger, M. (2011): Sinne. Ideen für die Kita-Praxis. Aus der Reihe »Frühe Kindheit. Projektarbeit mit Kindern.« Berlin.

Das sieht ja aus wie …
Assoziationen und Fantasiefiguren

Alter: ab 4 Jahren
Gruppengröße: ganze Gruppe oder in Kleingruppen
Dauer: 60–90 Minuten
Material: eine Fotokamera oder ein Tablet, ggf. Wackelaugen, Perücken u. Ä.

Mit Fotorätseln können Kinder zum genauen Hinsehen angeregt werden. Sie können das bewusste Hinsehen auch kreativ inszenieren und die Kinder assoziieren und fantasieren lassen.

Vorbereitung

Als Einstieg in diesen Baustein eignet sich das Fotorätsel wie auf S. 28 beschrieben. Lassen Sie die Kinder zunächst thematisch frei kleine Details fotografieren, die später gemeinsam geraten werden sollen. So haben Sie den Blick der Kinder schon mal auf Details und Kleinigkeiten gelenkt und sie zum genauen Hinsehen animiert.

Sammeln Sie dann selbst fotografisch Gegenstände, die wie ein Gesicht aussehen, eine Mimik zeigen. Alternativ können Sie auch den Bildband »Gesichter« von Francois und Jean Robert (2005) ausleihen.

So wird's gemacht

Zeigen Sie den Kindern die von Ihnen gefundenen »Gesichter« oder betrachten Sie gemeinsam den Bildband. Und dann geht es auf die Suche, zunächst im Gruppenraum, dann auch in der Kita, auf dem Außengelände und in der Umgebung um die Kita herum: Wo gibt es überall Gesichter zu finden? Die Steckdose, der Schnuller, das Vogelhaus, der Feuermelder … Die Kinder fotografieren die Fundstücke so, dass die »Gesichter« auch möglichst gut zu erkennen sind. Dabei muss man schon mal etwas dichter rangehen an das Motiv, damit nicht zu viel drum herum vom »Gesicht« ablenkt.

Betrachten Sie dann gemeinsam die Fundstücke. Nicht immer sind die Gesichter auf den ersten Blick zu erkennen. Lassen Sie die Kinder ihre Fotos beschreiben, damit alle die Gesichter auch sehen und erkennen können.

Wenn die Kinder Spaß am Assoziieren und Fantasieren haben, kann weitergesucht werden: Der knorrige Baumstamm sieht aus wie ein Gnom, in den Wolken erkennt man ganz deutlich eine Giraffe, der Riss im Pflasterstein sieht aus wie ein Strichmännchen. Es gibt einiges, das aussieht, wie etwas ganz anderes …

Die Kinder fotografieren in Kleingruppen und lassen später die anderen raten, was das wohl sein könnte.

Tipp

Accessoires können die Fantasie und den Spaß am Assoziieren noch weiter anregen. Geben Sie den Kindern bei der Fotosafari z. B. Wackelaugen mit, die auf die Gegenstände aufgesetzt werden können. Die Fotos können später auch in einem Mal- oder Bildbearbeitungsprogramm geöffnet werden, um die Assoziation dort durch ergänzende Zeichnungen oder Stempel hervorzuheben.

Vertiefung

Zu den Fotos lassen sich auch Geschichten erfinden. Der Baumstamm, der aussieht wie ein Gnom … Was hat er eigentlich erlebt? Wo kommt er her? Vielleicht ist das ein verzauberter Ritter, der darauf wartet, von einer mutigen Prinzessin erlöst zu werden? Oder das Feuermelder-Gesicht? Was hat es schon alles gesehen? Die entstehenden Geschichten können als Bilderbuch (vgl. S. 40) oder auch Hörspiel (vgl. S. 42) in Szene gesetzt werden.

Abschluss

Gestalten Sie einen Bildband oder eine Ausstellung mit den Fotos. Und vielleicht können Sie ja auch gemeinsam mal an einem Fotowettbewerb teilnehmen. Eine Zusammenstellung von Wettbewerben zu verschiedenen Medien und für verschiedene Altersgruppen finden Sie z. B. auf www.blickwechsel.org/medienpaedagogik/ausschreibungen-wettbewerbe.

Zum Weiterlesen

www.kamerakinder.de
Das Portal möchte Kinder animieren, die Möglichkeiten der Fotografie zu entdecken und ihre Sicht auf die Welt darzustellen.

www.kinderfotopreis.de
Fotowettbewerb für Kinder zwischen drei und zwölf Jahren, außerdem Surftipps rund um die Fotografie und Foto-Tipps

Lichtmalereien

Alter: ab 5 Jahre
Gruppengröße: in Kleingruppen (2–5 Kinder)
Dauer: ca. 60 Minuten
Material: ein einfarbiges Tuch oder eine schlichte, farbige Wand als Projektionsfläche, eine Taschenlampe, evtl. farbige Folien, eine Fotokamera (die Langzeitbelichtung ermöglicht) oder ein Tablet mit App zur Langzeitbelichtung, ein Stativ, ggf. ein Beamer
Sonstiges: Raum, der verdunkelt werden kann

Das Wort »Fotografieren« kommt aus dem Griechischen (»photographein«) und bedeutet »mit Licht zeichnen«. Das lässt sich auch im wörtlichen Sinne ausprobieren.

Vorbereitung

Befestigen Sie ein farbiges Tuch an einer (Stell-)Wand oder räumen Sie eine farbige Wand als Projektionsfläche frei und dunkeln Sie den Raum ab.

Um die Kinder an die Dunkelheit zu gewöhnen, können Sie zunächst einen Sitzkreis in der Dunkelheit machen. Reihum wird mit der Taschenlampe von einem Kind ein Motiv in die Luft gemalt. Die anderen Kinder raten, was gemalt wurde. Das ist gar nicht so leicht, man muss dabei schon sehr genau hinschauen.

So wird's gemacht

Die Kamera bzw. das Tablet wird auf dem Stativ befestigt und im Menü die Langzeitbelichtung bzw. eine lange Belichtungszeit und eine geringe ISO-Empfindlichkeit ausgewählt. Nun stellt sich ein Kind mit der Taschenlampe vor der Kamera auf und probiert, wie weit ausholend die Bewegungen mit der Taschenlampe sein dürfen, damit sie noch auf das Foto kommen.

Dann wird das Licht ausgeschaltet, die Kamera ausgelöst und es kann mit der Taschenlampe »gezeichnet« werden: Kreise, Zick-Zack-Linien, Spiralen oder auch Buchstaben und Zahlen oder die Konturen von Personen … Schöne Effekte ergeben sich auch mit farbigen Folien, die vor die Taschenlampe gehalten oder geklebt werden.

Wenn ein Motiv fertig »gemalt« ist, wird, wenn im Menü die Langzeitbelichtung gewählt wurde, nochmals auf den Auslöser gedrückt, um dadurch die Belichtung zu beenden.

Wenn eine lange Belichtungszeit gewählt wurde, zählt man die Sekunden mit, damit man weiß, wann die Kamera aufhört, zu belichten, oder Sie stellen eine Stoppuhr.

Ein schöner Effekt ergibt sich auch, wenn alle Kinder gemeinsam vor der Kamera sitzen und mit Leuchtstäben in die Luft »malen«, z. B. jedes Kind ein Dreieck oder einen Kreis oder auch einen Buchstaben. Einigen Sie sich aber auf ein Motiv, das alle malen, sonst wird es später ein kaum noch erkennbares Gewusel auf dem Foto geben.

Tipp

Mit der App *Paint Joy* (für iOS) bzw. *Kids Doodle* (für Android) lassen sich ganz einfach Bilder malen, die beinahe wie Lichtmalereien aussehen.

Variante

Anstelle von »Zeichnungen« mit der Taschenlampe ist bei den Geisterfotos ein Kind das Motiv. Es setzt sich auf einen Stuhl und etwa nach der Hälfte der Belichtungszeit steht es auf und läuft aus dem Bild. Auf dem Foto ist hinterher eine geisterhaft durchscheinende Person zu erkennen und ein »Bewegungshauch« durch das schnelle Aufstehen. Hier muss manchmal ein bisschen probiert werden, bis die Fotos so richtig schön geisterhaft aussehen.

Abschluss

Planen Sie eine Präsentation ein, bei der die Lichtmalereien und die Geisterfotos mit dem Beamer präsentiert und gemeinsam angesehen werden. Lassen Sie die Kinder nochmals erklären, wie die Fotos entstanden sind. Wenn möglich, sollten die Fotos auch größer ausgedruckt und ausgestellt werden.

Zum Weiterlesen

Die Maus-Sachgeschichte »Lichtelefant« auf www.wdrmaus.de/filme/sachgeschichte erklärt anschaulich das Prinzip der Lichtmalerei.

Stiftung »Haus der kleinen Forscher« (2015) (Hrsg.): Licht, Farben, Sehen – Optik entdecken. Berlin. Download: auf www.haus-der-kleinen-forscher.de in der Rubrik Praxisanregungen / Experimente und Themenf

Ich bin ganz Ohr: Geräusche raten

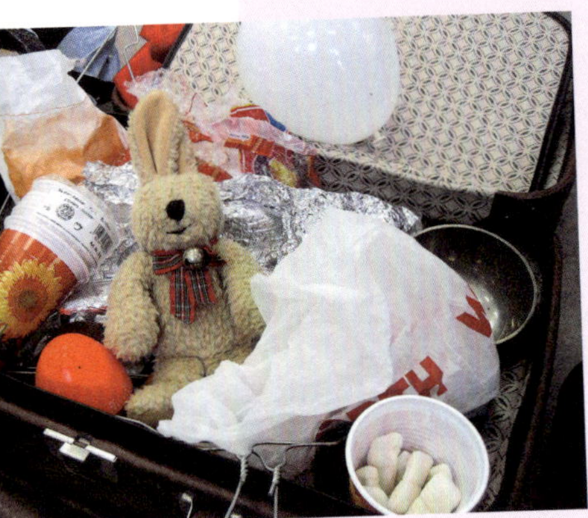

Alter: ab 4 Jahre
Gruppengröße: ganze Gruppe oder in Kleingruppen (2–5 Kinder)
Dauer: ca. 60–90 Minuten
Material: ein Easi-Speak-Mikrofon und ggf. ein PC mit der Software *Audacity* (kostenloser Download: www.audacityteam.org) oder ein Tablet

(Zu-)Hören beeinflusst ganz wesentlich den Spracherwerb und die zwischenmenschliche Kommunikation. Gerade für jüngere Kinder, die die Schriftsprache noch nicht beherrschen, ist das Zuhören der Zugang zu Informationen und Geschichten. Aber: Die Augen können wir schließen, die Ohren nicht. Deshalb müssen wir lernen, bewusst zuzuhören, zu filtern und auszuwählen aus der Fülle der uns umgebenden Eindrücke, Geräusche und Informationen.

Vorbereitung

Mit Geräusche-Rätseln und ähnlichen Wahrnehmungsspielen kann das (Zu-)Hören gestärkt werden (S. 78). Überlegen Sie gemeinsam, welche Geräusche uns im Laufe des Tages begegnen, z. B. der Wecker am Morgen, Tellerklappern im Frühstücksraum … Welche Geräusche sind laut und welche leise? Welche Geräusche gefallen uns und welche nicht?

So wird's gemacht

Um den Umgang mit dem Mikrofon zu üben, spricht zunächst reihum jedes Kind seinen Namen ins Mikrofon und nennt z. B. ein Lieblingsgeräusch. Spannend wird es, wenn die Audioaufnahme direkt am Rechner erfolgt und die Kinder so ihre Stimme nicht nur hören, sondern auch sehen können. Dazu wird das Mikro an den PC angeschlossen, *Audacity* geöffnet und die Audioaufnahme gestartet. Nun sehen die Kinder live ihre Stimme, sie sehen, wer leise und wer laut spricht und wie sich ihre Stimmkurve beim Sprechen verändert.

Dann geht es in kleinen Gruppen für ca. 15 Minuten auf Geräuschejagd durch die Kita: der tropfende Wasserhahn, das Rauschen der Toilettenspülung, das Knarzen der Schaukel … Das Geräusch wird jeweils ca. fünf Sekunden lang aufgenommen, dann wird als Abschluss der Aufnahme ins Mikro gesprochen, was aufgenommen wurde, z. B. »Das war ein tropfender Wasserhahn«. Zurück im

Gruppenraum raten die anderen Kinder, welche Geräusche gefunden wurden. Wie hören sich die Geräusche an? Lassen Sie die Kinder detailliert beschreiben, was sie hören.

Vertiefung

Erproben Sie mit den Kindern, wie Geräusche künstlich erzeugt werden können. Das ist z. B. für Hörspielaufnahmen oder die Nachvertonung von Filmen üblich, denn nicht immer sind die Geräusche genau dann »verfügbar«, wenn sie für die Aufnahme benötigt werden.

Eine selbst zusammengestellte Kiste mit zahlreichen Utensilien, wie trockenen Erbsen oder Linsen in kleinen Döschen, Butterbrotpapier, einem Lineal, Kokosnussschalen, leeren Joghurtbechern, Rasseln u. Ä. wächst zur Geräuschewerkstatt.

Tipp

Die »Sendung mit der Maus« zeigt in der Folge »Geräuschemacher« (www.wdrmaus.de/filme/sachgeschichten/geraeuschemacher.php5) anschaulich, wie Szenen mit Geräuschen untermalt werden. Beim Zusammenstellen der Kiste und beim späteren Experimentieren ist das Geräusche-Alphabet von www.ohrenspitzer.de sehr hilfreich..

Abschluss

Hören Sie sich die Geräuscherätsel und die künstlich erzeugten Geräusche nochmals gemeinsam an. Fragen Sie die Kinder, worauf sie beim Aufnehmen achten mussten. Und hören sich die künstlichen Geräusche nicht auch ganz schön echt an? Wir können echte und künstliche Geräusche nicht auseinanderhalten, wenn sie gut aufgenommen sind.

Zum Weiterlesen

Stiftung »Haus der kleinen Forscher« (2012) (Hrsg.): Klänge und Geräusche – Akustische Phänomene mit Kita- und Grundschulkindern entdecken. Berlin.
Download auf www.haus-der-kleinen-forscher.de in der Rubrik Praxisanregungen / Experimente und Themen

Geräusche bebildern – Bilder vertonen

Alter: ab 4 Jahren
Gruppengröße: ganze Gruppe oder in Kleingruppen (3–5 Kinder)
Dauer: 30–60 Minuten
Material: ein Mikrofon, eine Fotokamera oder ein Tablet, ein Drucker

Vorbereitung

Regen Sie die Kinder zunächst zum bewussten Hinhören und Wahrnehmen an, z. B. mit Wahrnehmungsspielen wie »Ich höre was, was du nicht hörst!« oder »Geräusche suchen« (z. B. einen im Raum versteckten, tickenden Wecker).

Sie können als Einstieg auch ein Geräusche-Memory® mit den Kindern basteln. Sie brauchen dazu etwa 20 Streichholzschachteln oder kleine, schwarze Filmdosen oder das gelbe Innere von Überraschungseiern o. Ä. Befüllen Sie jeweils zwei Dosen mit dem gleichen Inhalt: trockene Erbsen, Reis, Nadeln, Sand, kleine Steinchen u. Ä. Die zusammengehörigen Döschen werden auf der Unterseite mit dem gleichen Zeichen oder der gleichen Nummer versehen oder mit einem Foto vom Inhalt beklebt. Die Dosen werden gemischt und auf dem Tisch angeordnet. Nun kann geschüttelt, gehört, geraten werden, welche beiden Dosen zusammengehören.

So wird's gemacht

Gehen Sie mit den Kindern nochmals auf Geräuschejagd wie auf den vorhergehenden Seiten beschrieben. Aber nun sollen die Kinder nicht nur das Geräusch aufnehmen, sondern dazu auch noch ein Foto der Geräuschquelle machen.

Drucken Sie die Fotos zu den Geräuschen aus, sodass es zu jedem Geräusch die passende Bildkarte gibt. Legen Sie die Bildkarten in der Mitte des Sitzkreises aus. Nun suchen die Kinder jeweils das passende Bild zum abgespielten Geräusch und beschreiben, was sie hören. Natürlich funktioniert das auch andersherum: Zuerst wird das Bild gezeigt und geraten, welches Geräusch wohl dazugehört. Die Kinder versuchen dann selbst, das Geräusch nachzumachen. Anschließend wird das Geräusch abgespielt.

Etwas schwerer wird das Spiel, wenn die Auflösung erst ganz am Ende erfolgt. Dieses Spiel wird in Kleingruppen oder sogar einzeln gespielt. Die Bildkarten werden in entsprechender Anzahl ausgedruckt jedes Kind bzw. jede Kleingruppe erhält einen Stapel Karten. Nun werden nacheinander mehrere Geräusche abgespielt. Die Kinder legen die jeweiligen Bildkarten in der Reihenfolge der abgespielten Geräusche nebeneinander umgedreht vor sich hin. Sind alle Geräusche abgespielt, kommt die Auflösungsrunde, bei der die Geräusche nochmals abgespielt und die Karten nacheinander umgedreht werden: Sind alle Bilder richtig zugeordnet, liegen also in der richtigen Reihenfolge?

Vertiefung

Geräuschegeschichten kommen ganz ohne Text aus. Beim Kino für die Ohren »erzählen« die Geräusche, was passiert, sie verbildlichen das Geschehen. Überlegen Sie mit den Kindern, welche Geräusche in welchen Zusammenhängen zu hören sind, z. B. beim Essen im Kindergarten oder beim Freispiel im Regen.

Die verschiedenen Geräusche werden in der Reihenfolge aufgenommen, in der sie bei der jeweiligen Aktion zu hören sind. Wenn mal ein Geräusch fehlt – z. B. weil es gerade nicht regnet, aber das Regengeräusch benötigt wird – wird die Geräuschekiste (s. S. 76) geöffnet und das Geräusch selbst erzeugt.

Die Geräuschegeschichte kann anderen Kindern vorgeführt werden: Können sie herausfinden, um welches Szenario es sich handelt?

Abschluss

Die bebilderten Geräscherätsel und das Geräusche-Memory® können immer wieder gespielt und erweitert werden. Sie können auch thematisch gestaltet werden, d. h., es werden nur die zum jeweiligen Thema passenden Geräusche und Bilder aufgenommen und geraten.

Zum Weiterlesen

www.ohrenspitzer.de/methoden
Zahlreiche Methoden rund um das bewusste Hören

www.klick-tipps.net/hoeren
Linksammlung zum Thema Musik machen und »Hören«

www.geraeuschesammler.de
Umfangreiche Sammlung von Geräuschen, die von Kindern und Jugendlichen aufgenommen wurden und kostenlos verwendet werden dürfen

Vom Melodienraten zum Musikclip ...

Alter: ab 4 Jahre
Gruppengröße: ganze Gruppe oder in Kleingruppen (2–5 Kinder)
Dauer: Melodienraten ca. 30 Minuten, Musikclip ca. 60–90 Minuten
Material: ein CD- bzw. Kassettenabspielgerät, Kinderhörspiele bzw. Musik-CDs mit Melodien aus Kinderserien, ein Tablet mit der App *Book Creator* (für iOS)

Geräusche und Musik beeinflussen ganz wesentlich unsere Gefühle. Musik kann entspannend oder anregend sein, sie kann beängstigend oder beruhigend wirken. Ein Hörspiel wird erst durch Geräusche so richtig mitreißend und alle Kindersendungen und -hörspiele beginnen mit einer meist sehr einprägsamen Melodie.

Vorbereitung

Lassen Sie die Kinder ihre Lieblingshörspiele mitbringen oder leihen Sie sich z. B. in der Bibliothek eine CD mit Melodien aus bekannten Kindersendungen bzw. -hörspielen aus.

So wird's gemacht

Machen Sie es sich im Stuhlkreis gemütlich, stellen Sie das Abspielgerät in der Mitte auf und spielen Sie nacheinander verschiedene Melodien an. Wer rät am schnellsten, welche Sendung, welcher Kinofilm oder welches Hörspiel sich dahinter verbirgt?

Das Ratespiel eröffnet neben reichlich Sprachanlässen über Medienerlebnisse Möglichkeiten der Auseinandersetzung mit den verschiedenen Melodien:

- Was gefällt euch besonders? Und warum?
- Welche Melodie ist gruselig, witzig oder spannend? Wieso eigentlich?

Welche Melodie, welches Lied ist besonders beliebt? Organisieren Sie den Text bzw. die Noten und versuchen Sie, es mit den Kindern gemeinsam einzuüben. Daraus kann auch wieder ein Ratespiel gestaltet werden: Eine Gruppe spielt den anderen eine Melodie vor, die erkannt werden soll.

Mit einer App *FilmoraGo* oder auch *Book Creator* können Bilder und Ton zu einer digitalen Ton-Dia-Show kombiniert werden, z. B. eines der zuvor einstudierten Kinderlieder. Überlegen Sie gemeinsam, welche Bilder zum Text des Liedes passen. Diese werden dann fotografiert oder gemalt. Anschließend ermöglicht die Aufnahmefunktion in der App, zu jedem Bild eine Tonaufnahme zu machen, also die Strophen und den Refrain zu singen und aufzunehmen. Das fertige »Musikvideo« kann auf dem Tablet angeschaut oder über einen Beamer wiedergegeben werden.

Tipp

aAuf www.blickwechsel.org/bildungshappchen finden Sie Methoden, Tipps und Anleitungen rund um Kreativ-Apps für den Elementarbereich.

Vertiefung

Wie sehr Musik bzw. Geräusche die Wirkung von Bildern, Hörspielen und Filmen beeinflussen, können die Kinder auch selbst ausprobieren. Projizieren Sie abstrakte Fotos oder Zeichnungen großformatig an die Wand und spielen Sie dazu unterschiedliche Musik bzw. verschiedene Geräusche ab: ruhig und entspannend oder ein bisschen gruselig, ein schneller Herzschlag, ein gruseliges Quietschen … Es ist erstaunlich, wie unterschiedlich die Bilder jeweils wirken. Lassen Sie die Kinder ihre Empfindungen beschreiben und assoziieren.

Auch einige Apps eignen sich gut, um mit Kindern mit Tönen und Klängen zu experimentieren, Musik zu machen und Musikvideos zu erstellen.
Auf forschungsstelle.appmusik.de/app-kids-musikmachen-mit-tablets-im-kindergarten finden Sie Grundlagenwissen und App-Tipps.

Abschluss

Sehen Sie sich das fertige Musikvideo nochmals gemeinsam an und lassen Sie die Kinder beschreiben, wie es entstanden ist. Gehen Sie auch nochmals auf die unterschiedliche Wirkung je nach Musikauswahl ein.

Zum Weiterlesen

Jampert, K./Zehnbauer, A./Best, P./Sens, A./Leuckefeld, K./Laier, M. (Hrsg.) (2009): Kinder-Sprache stärken! Sprachliche Förderung in der Kita: das Praxismaterial. Band 2: Wie viel Sprache steckt in Musik und Medienarbeit? Berlin.

Die Puppen tanzen lassen … digitales Figurentheater

Alter: ab 5 Jahre
Gruppengröße: in Kleingruppen (3–5 Kinder)
Dauer: mind. 60 Minuten, je nach Zielsetzung und Rahmen auch länger
Material: ein Tablet mit der App *Puppet Pals HD Director's Pass* (für iOS), ggf. Mal- und Bastelutensilien, ggf. Musikinstrumente

Kinderlieder können in vielfältige Weise bearbeitet und inszeniert werden, dabei setzen sich die Kinder mit Aufbau, Inhalt und Melodie des Stücks auseinander. Mit der App *Puppet Pals* wird aus selbst gestalteten Figuren und Hintergründen das Lied wie auf einer digitalen Puppenbühne präsentiert und abgespeichert, sodass es als Film wiedergegeben werden kann.

Vorbereitung

Wählen Sie ein beliebtes, einfaches Kinderlied aus, z. B. »Hopp, hopp, hopp, Pferchen lauf Galopp!«. Öffnen Sie die App und fotografieren Sie ein Pferd, z. B. aus einem Bilderbuch, oder eines, das Sie zuvor selbst gezeichnet haben. Dazu können Sie einen der Hintergründe verwenden, die *Puppet Pals HD Director's Pass* mitliefert.

So wird's gemacht

Setzen Sie sich mit einer Kleingruppe zusammen, öffnen Sie die App *Puppet Pals HD Director's Pass*, wählen Sie das Pferd als »actor« und einen passenden Hintergrund. Und dann kann es losgehen: Tippen Sie den Aufnahmeknopf an und singen Sie gemeinsam mit den Kindern das Lied. Dabei »springt« das Pferd über die Wiese, indem Sie es mit dem Finger über den Bildschirm schieben. Am Ende drücken Sie nochmals den Aufnahmeknopf, um die Aufnahme zu beenden. Nun können Sie sich den »Film« gemeinsam ansehen. Dieses einfache Beispiel dient als Verständnishilfe und Einstieg, um nun gemeinsam ein Lied auszuwählen und in Szene zu setzen.

Welches Lied soll es sein? Sie können ein Lied auswählen, das immer wieder im Morgenkreis gesungen wird. Gerade für die ersten Versuche sollte es nicht zu lang sein, sondern einfach, allen Kindern bekannt und mit nicht zu komplexem Inhalt.

Welche Figuren tauchen im Lied auf? Geeignete »Darsteller/innen« sind Plüschtiere oder Spielfiguren, die abfotografiert werden. Natürlich können die Kinder auch selber Figuren malen oder aus Lieder- bzw. Bilderbüchern aussuchen und diese anschließend abfotografieren.

In welcher Situation bzw. vor welchem Hintergrund könnte sich das Ganze abspielen? Der Hintergrund sollte möglichst nicht zu unruhig sein, das lenkt zu sehr vom Inhalt ab. Nahaufnahmen von einem Stück Rasen oder einer Hecke, von einer sonnenbeschienenen Pfütze oder von Oberflächenstrukturen (z. B. von einem Schwamm, einer Baumrinde, Moos u. Ä.) geben einfache, aber oft sehr wirkungsvolle Hintergründe ab.

Je mehr Zeit für diese Aktion zur Verfügung steht, umso mehr können die Kinder selber auswählen und fotografieren. Wenn das gemeinsame Singen im Vordergrund steht, können Sie auch eine Auswahl von geeigneten Figuren und Hintergründen im Vorfeld fotografieren und dann die Kinder daraus auswählen lassen. Und dann kann es losgehen: Vorhang auf, Figuren auf die Bühne und los!

Vertiefung

Machen Sie Ganzkörperfotos von allen beteiligten Kindern, diese können dann wie Stabpuppen auf der Bühne tanzen, während gesungen wird. Sich auf diese Weise selbst zu sehen und zu inszenieren, macht den Kindern großen Spaß. Wenn Sie mit den Kindern bereits Musiktheater inszeniert haben, können die Kinder sich auch in ihren jeweiligen Kostümen fotografieren und die Aufführung auf diese Weise »digitalisieren«.

Abschluss

Wenn Ihnen ein Beamer zur Verfügung steht, können die anderen Gruppen der Einrichtung zur Vorführung eingeladen werden. Lassen Sie die Kinder erklären, wie der Film entstanden ist. Die Beschreibung der Arbeitsschritte regt die Auseinandersetzung mit den eigenen Lernfortschritten an.

Zum Weiterlesen

Gerhold, G. (2010): Elementares Musiktheater. In: Rittersberger, A. (Hrsg.): Musik & Rhythmik. Bildungsjournale Frühe Kindheit. Berlin.

www.blickwechsel.org/bildungshappchen
In der Rubrik »Werkzeugkasten« finden Sie u.A. einen »Puppet-Pals-Steckbrief« mit Anregungen und Anleitungen.

Eine musikalische Weltreise …

Alter: ab 4 Jahren
Gruppengröße: ganze Gruppe
Dauer: mehrere Einheiten zu je 30–60 Minuten
Material: ein internationales Liederbuch oder PC oder Tablet mit Internetzugang; das Bilderbuch »Entdecke Musik aus aller Welt« von Constanze Schargan und Inka Friese, ggf. App *Book Creator (iOS)*

Andere Länder, andere Lieder? Nein, nicht unbedingt, manche Kinderlieder gibt es in vielen Sprachen. Gerade in Kindergärten, die Kinder aus vielen Nationen haben, können die Kinder gemeinsam erkunden, welche Kinderlieder und welche Instrumente es in den verschiedenen Ländern gibt.

Vorbereitung

Fragen Sie die Eltern nach bekannten Kinderliedern aus ihren Herkunftsländern. Vielleicht gibt es ja in den Familien sogar Liederbücher und die Eltern können beim Übersetzen helfen.

Surftipps: mehrsprachige Kinderlieder

- www.labbe.de/liederbaum
  Texte und Noten zu über 600 Kinderliedern, nach Themen sortiert, z. B. »Lieder aus aller Welt«, »Singspiele« oder auch »Lieder aus der Türkei«. Zu jedem Lied kann die Melodie angehört werden.
- www.liederkiste.com
  Kostenloses Online-Liederbuch mit Texten, Gitarrenakkorden, Noten und Melodien
- www.kandil.de/familie/kinder/lieder
  Interkulturelles und unabhängiges Portal, inhaltliche Schwerpunkte sind Familie und Lifestyle, Kinder und ihre Erlebenswelt, Bildung und Lernen in interkulturellen und multilingualen Kindergärten und Schulen und Kulturgeschichte zwischen Orient und Okzident.
- efraimstochter.de/17-Songs-aus-den-Pippi-Langstrumpf-Filmen.htm#content
  Das Pippi-Langstrumpf-Lied auf Deutsch, Schwedisch, Finnisch, Italienisch, Französisch, Englisch, Spanisch und Niederländisch

So wird's gemacht

Fragen Sie die Kinder, welche Lieder zuhause gesungen werden, welche sie besonders mögen. Singen Sie Klassiker wie »Bruder Jakob« in verschiedenen Sprachen. Je nach Alter der Kinder können Sie dazu gemeinsam im Internet nach den Texten suchen oder Sie haben im Vorfeld verschiedene Übersetzungen rausgesucht.

Eine Betrachtung des Bilderbuches »Entdecke Musik aus aller Welt« aus dem Ravensburger Verlag (2014) eröffnet die Möglichkeit, mit dem Tiptoi-Stift im Buch Musikinstrumente aus verschiedensten Ländern anzuhören und dazu viel Wissenswertes zu erfahren.

Vertiefung

Welche Lieder und Bräuche gibt es in verschiedenen Kulturen, z. B. rund um Feiertage wie Ostern oder Weihnachten, das Zuckerfest oder den Jahreswechsel? Sammeln Sie gemeinsam, was die Kinder über die in der Kindergartengruppe vertretenen Nationen in Erfahrung bringen können, und machen Sie z. B. eine Wandzeitung oder ein Lieder- und Bräuchebuch daraus. Mit dem *Book Creator* können neben Bildern und Texten auch Lieder eingesungen oder Tänze gefilmt und eingebunden werden.

Abschluss

Die »musikalische Weltreise« kann als Projektwoche geplant werden, sie kann sich aber auch aus vielen kleinen Ausflügen zusammensetzen. Bei der Bundeszentrale für politische Bildung können kostengünstig Europa- und Weltkarten bestellt werden (www.bpb.de/shop/lernen/karten). Darauf können Sie mit kleinen Fähnchen markieren, welche Länder Sie bereits musikalisch erkundet haben. Drucken Sie dazu z. B. die jeweiligen Länderflaggen aus (www.nationalflaggen.de) und befestigen Sie sie an Zahnstochern.

Zum Weiterlesen

Hüsler, S. (2011): Verse, Lieder und Reime - traditionelle sprachliche Bildung für die Kleinsten quer durch viele Sprachen. Deutsches Jugendinstitut (DJI). München

www.musik-sprache-teilhabe.de
Informationen rund um das Projekt »Musik, Sprache, Teilhabe«.

Zoom mich mal ran! – Filmsprache

Alter: ab 4 Jahren
Gruppengröße: ganze Gruppe
Dauer: 60–90 Minuten
Material: eine Videokamera oder ein Tablet, ein Stativ, ein Beamer und ein Verbindungskabel für die Direktübertragung

Es geht um den Film und seine Ausdrucksmittel. Sicherlich haben alle Kinder schon Filme gesehen. Nun soll selbst einmal mit filmischen Ausdrucksmitteln experimentiert werden.

Vorbereitung

Die Kamera bzw. das Tablet wird mit dem Beamer verbunden. Prüfen Sie, ob im Aufnahmemodus das Bild übertragen wird.

So wird's gemacht

Die Kinder können sich in der Beamerprojektion sehen und haben Zeit, vor der Kamera zu agieren: Grimassen werden geschnitten, es wird getanzt, gezappelt und gewunken.

Nach einer ersten Runde des freien Experimentierens bitten Sie die Kinder, sich zusammen auf den Boden zu setzen, sodass sie (eigentlich) alle im Bild sein müssten. Zoomen Sie nun selbst einen Ausschnitt heran, in dem keine Kinder zu sehen sind, und fragen Sie: »Huch, wo seid ihr denn alle?« Die Kinder rufen natürlich sofort: »Hier! Hier sind wir doch!« Aber Sie deuten auf die Projektion: »Aber ihr seid ja gar nicht zu sehen!« Die Kinder werden Anweisungen geben. Zoomen Sie langsam etwas auf, sodass nach und nach die Kinder im Bild sind. Gehen Sie darauf ein, dass die Kamera immer nur einen Ausschnitt zeigt und dadurch für uns am Fernseher nicht alles zu sehen ist.

Und dann können die Kinder selbst an der Kamera mit den verschiedenen Einstellungen, mit Zooms, Schwenks und Kamerafahrten experimentieren:

- **Zoomen**: Es ist interessant, zu beobachten, wie es wirkt, wenn schnell auf einen Gegenstand oder ein Gesicht gezoomt wird oder wenn ein Kind zügig auf die Kamera zugeht oder an ihr vorbei. Und wie weit kann man heranzoomen, bevor nichts mehr zu erkennen ist?
- **Schwenks**: Das Kamerakind versucht, die Kinder, die sich langsam durch den Raum bewegen, mit der Kamera »einzufangen«.

- **Kamerafahrt**: Dazu wird das Kamerakind auf ein Rollbrett (oder Einkaufswagen) gesetzt und durch den Raum geschoben (z. B. hinter einem gehenden Kind her, neben einem sich vorwärtsbewegenden Kind, rückwärts, vor einem Kind davonfahrend). Ein bisschen schwindelfrei muss man für die 360-Grad-Kreis-Kamerafahrt sein: Das Rollbrett wird dabei einmal im Kreis herum gedreht.

Auch interessant: Durch Hin- und Herwackeln der Kamera kann man Erschütterungen, Schwindelgefühl oder hohen Wellengang simulieren. Aber Achtung: immer sorgsam mit der Technik umgehen!

Vertiefung

Um mit verschiedenen Einstellungen zu experimentieren, kann ein Bilderrätsel aufgenommen werden. Dazu wird ein kleines Detail ca. zehn Sekunden lang gefilmt. Dann entfernt sich das Kamerakind langsam rückwärts vom Motiv, sodass es nach und nach erkennbar wird. Zurück in der Gruppe werden die Rätsel den anderen Kindern vorgeführt.

So haben die Kinder einige der gängigen Einstellungsgrößen angewendet. Man unterscheidet Detail, Groß, Nah, Halbnah, Halbtotale und Totale. Gerade, wenn Sie vorhaben, gemeinsam einen Film zu drehen, sollten die Einstellungen variiert werden. Sie lenken den Blick, unterstreichen Aussagen und sorgen für Abwechslung und Spannung.

Tipp

Hier finden Sie Tipps zur Videoarbeit: www.filmothek-nrw.de/tutorials/klicken-gestalten-entdecken-weiterfuehrendes-material

Abschluss

Gucken Sie sich die Experimente und ggf. den Film nochmals gemeinsam an. Lassen Sie die Kinder erklären, wie die Aufnahmen entstanden sind und wie sich durch verschiedene Einstellungen Wirkungen erzeugen lassen.

Zum Weiterlesen

Filmothek NRW (Hrsg.) (2017): „klicken! gestalten! entdecken!“ Düsseldorf
Material zur frühkindlichen kulturellen Medienbildung. Themenhefte Audio, Foto, Film und Tablet/Computer

Gelb, Blau, Rot … – Bunte Fotoreihen

Alter: ab 4 Jahren
Gruppengröße: in Kleingruppen (3–5 Kinder)
Dauer: ca. 30 Minuten
Material: eine Fotokamera oder ein Tablet pro Kleingruppe, ggf. ein Beamer, ggf. Bildbearbeitungsprogramm *Paint.net* oder App Pixlr

Bei der kreativen Auseinandersetzung mit Farben geht es darum, dass die Kinder – je nach Altersstufe – diese kennenlernen, sie bewusst und sinnlich wahrnehmen, sich experimentierend mit ihnen befassen und ihre Wirkungen erleben.

Vorbereitung

Legen Sie fest, welche Angebote und Aktionen rund um das Thema Farben stattfinden sollen. Ein schöner Einstieg ist z. B. ein Farbentag, an dem die Kinder jeweils in der Farbe gekleidet sind, um die es dann geht. Auch das Sammeln, Mitbringen und gemeinsame Sortieren von kleinen Gegenständen in der jeweiligen Farbe kann die Aktion einleiten.

So wird's gemacht

Jede Kleingruppe bekommt einen Fotoapparat bzw. ein Tablet und geht maximal 15 Minuten lang auf Farbensuche. Jede Gruppe bekommt einen anderen Farbauftrag und fotografiert jeweils nur die Dinge, die die gesuchte Farbe haben. Nach Ablauf der Zeit treffen sich alle wieder, die Fotos werden – wenn möglich – per Beamer an die Wand projiziert und gemeinsam betrachtet. Als Abschluss wird nochmals ein Farbenlied gesungen.

Vertiefung

Viele Dinge sind für uns ganz fest mit bestimmten Farben verbunden: Die Banane ist gelb, das Krümelmonster blau, der Frosch Kermit grün und eine Erdbeere rot … Mit Vorschulkindern kann dazu auch mit Bildbearbeitungsprogrammen, wie z. B. *Paint.net*, bzw. entsprechenden Apps, z. B. *Pixlr*, experimentiert werden: Mit einem Klick können auf diese Weise Bilder bzw. Bildteile komplett umgefärbt werden, sodass die Banane plötzlich rot und die Erdbeere blau ist … Natürlich können so auch alle Farben entfernt werden, auf Schwarz-Weiß-Fotografien sind nur Hell-dunkel-Schattierungen, aber keine Farben zu erkennen.

Auch ohne digitale Hilfsmittel lässt sich einiges umfärben, z. B. mithilfe von Lebensmittelfarben: Kochen Sie gemeinsam z. B. blauen Wackelpudding und grünen Milchreis oder backen Sie rote Kekse. Sie können auch ein farbiges Büffet zusammenstellen, bei dem möglichst viele verschiedene Lebensmittel einer Farbe serviert werden.

Alle meine Farben …

In einem Screencast der Stiftung wird die App »Alle meine Farben« von Paul Köntopp vorgestellt. Die bunte Vorlese-App eignet sich sehr gut für eine Vorlesestunde rund ums Thema Farben – »Alle meine Farben« gibt es übrigens auch als klassisches Bilderbuch: Paul-Köntopp (2011): *Weiß weiß Bescheid*. Bastei-Lübbe
Weitere Screencasts zu App-Empfehlungen auf:
www.stiftunglesen.de/leseempfehlungen/digitales in der Rubrik »Screencasts«.

Abschluss

Dokumentieren Sie die kreative Auseinandersetzung mit Farben: Lassen Sie die Kinder die Verkleidungsspiele und die bunten Gegenstandssammlungen sowie weitere Aktionen, wie z. B. die gefärbten Lebensmittel und die verschiedenfarbigen Büffets, fotografieren. Diese Fotos, die bunten Fotoreihen und die Experimente mit Filtern in Bildbearbeitungsprogrammen können in einem Farbenbuch zusammengestellt werden. Natürlich kann auch das Farbenlied aufgenommen und hinzugefügt werden. Dafür eignet sich z. B. die App *Book Creator* oder auch ein Präsentationsprogramm wie *Prezi*, *MS PowerPoint* oder *OpenOffice Impress*. Das Farbenportfolio kann über einen längeren Zeitraum immer wieder ergänzt werden. Drucken Sie die Seiten, wenn möglich, auch aus, sodass die Kinder auch jederzeit in ihrem Farbenbuch blättern können.

Zum Weiterlesen

www.kidsweb.de/farben_spezial/farben_spezial.html
Vielfältige Mal-, Spiel- und Bastelideen zum Thema Farben

www.kinderbuch-couch.de
Weitere Bilderbücher zum Thema Farben (Suchwort: Farbe)

Kunst im Bild ... mit der Kamera ins Museum

Alter: ab 4 Jahren
Gruppengröße: ganze Gruppe, evtl. in Kleingruppen (3–5 Kinder)
Dauer: 60–90 Minuten
Material: eine Fotokamera oder ein Tablet, ggf. PC oder Tablet mit einem Mal- oder Bildbearbeitungsprogramm z. B. *MS Paint*, *Paint.net* oder einer Kreativ-App, z. B. *Doodle*, *Pixlr*; ggf. die App *Puppet Pals HD Director's Pass*

Kinder, die Raum bekommen, um kreativ tätig zu sein, entwickeln gedanklich, emotional oder im praktischen Handeln Neues. Zusätzlich zur Erprobung verschiedenster Gestaltungstechniken ist es wichtig, Kindern vielfältige Erfahrungsspielräume in der Auseinandersetzung mit Kunstwerken zu eröffnen.

Vorbereitung

Machen Sie einen Termin für eine Führung im Museum und klären Sie, ob Fotografieren erlaubt ist. Dies ist meist ohne Verwendung des Blitzlichts und unter Berücksichtigung von Urheberrechten möglich.

So wird's gemacht

Bereiten Sie den Museumsbesuch vor, indem Sie mit den Kindern z. B. in einem Ausstellungskatalog blättern oder einen Bildband der ausgestellten Künstler in der Bibliothek ausleihen. Lassen Sie die Kinder erzählen, wie ihnen die Bilder gefallen, welches besonders, welches gar nicht und warum. Gehen Sie darauf ein, wie unterschiedlich Geschmäcker und Vorlieben sind, dass es dabei kein Richtig oder Falsch gibt, damit die Kinder sich in ihren Äußerungen und Beurteilungen ernst genommen und bestätigt fühlen und auch die Meinungen der anderen interessiert aufnehmen.

Viele Museen bieten thematische Führungen an, die fotografisch vertieft oder begleitet werden können.

Die Fotosafari im Museum kann auch die Erstellung eines eigenen Ausstellungskatalogs der persönlichen Highlights zum Ziel haben. Die Kinder setzen sich dadurch intensiv mit den Bildern auseinander. Sie befassen sich damit, aus welcher Perspektive sie die ausgewählten Bilder fotografieren, ob sie einen Ausschnitt wählen oder das ganze Bild ablichten möchten.

Anregungen für thematische Fotosafaris

- Farben finden: Wir sehen rot, ärgern uns schwarz, erleben unser blaues Wunder!
- Kinder im Bild: Die sehen so anders aus – wie haben die wohl gelebt?
- Kunst-Formen: rund, quadratisch, eckig …
- Tiere/Wasser/Obst im Museum

Zurück in der Einrichtung werden die Eindrücke besprochen und die Bilder angesehen. Fragen Sie die Kinder, ob sie mit den Aufnahmen zufrieden sind, ob und, wenn ja, warum sich die Fotos von den Werken im Museum unterscheiden. Neben der Auseinandersetzung mit den Kunstwerken befassen sich die Kinder so auch mit der Fotografie als Ausdrucks- und Gestaltungsmittel und lernen die Bedeutung von Standort, Bildausschnitt und Perspektive kennen.

Vertiefung

Zu den Fotos, die die Kinder in der Ausstellung aufgenommen haben, können weitere Angebote gemacht werden. Lassen Sie die Kinder frei zu den Bildern malen oder bieten Sie Kopien der Fotos an, die frei gestaltet werden können. Das kann sowohl klassisch mit Farbe und Papier als auch mit einem Malprogramm passieren (vgl. dazu auch »Pinseln, wischen, klicken«, S. 92).

Die abfotografierten Bilder können auch variiert werden: eingefärbt, ergänzt, weitergemalt. Und die Kinder können ein Foto von sich in die Bilder hineinmontieren, das ist auch mit einfachen Programmen wie *MS Paint* möglich. Und mit der App *Puppet Pals HD Director's Pass* können sie sich darin sogar bewegen und erzählen, was sie im Bild erleben (vgl. dazu S. 82).

Abschluss

Gucken Sie sich die entstandenen Werke und die Fotos der Kinder gemeinsam an. Wählen Sie zusammen aus, welche Bilder ausgestellt werden sollen. Der erstellte Ausstellungskatalog liegt zum Blättern und als Inspiration zur Gestaltung weiterer eigener Kunstwerke aus.

Zum Weiterlesen

Pimont, M.-R. (2003): Dein buntes Wörterbuch Kunst. Köln.

www.bildungsserver.de/Kreatives-Gestalten-Aesthetik-Kunst-3871-de.html
Kreatives Gestalten, Ästhetik und Kunst in der Elementarpädagogik

Pinseln, wischen, klicken – analoge & digitale Maltechniken

Alter: ab 4 Jahren
Gruppengröße: ganze Gruppe, in Kleingruppen (2–3 Kinder)
Dauer: ca. 30–60 Minuten pro Aktion
Material: Malkittel, Stifte, Pinsel, Spachtel, Schwamm, verschiedene Arten von Farben (z. B. Wasserfarben, Fingerfarben, Acrylfarben), Kreide, Kleister, DIN-A3-Bögen, Tonpapier, Bastelmaterial; mind. ein PC oder ein Tablet, ein Malprogramm, z. B. *MS Paint*, *TuxPaint*, oder eine Kreativ-App, z. B. *Doodle*, *Crayola*, *Creative Kids*

Malen und Zeichnen eröffnet Kindern Ausdrucksformen für ihre Erlebnisse und Gefühle. Bei diesem kreativen, gestalterischen Prozess kann auch digitale Technik zum Einsatz kommen und so zusätzliche kreative Ausdrucksformen erschließen. Das digitale Malen ist dabei als Ergänzung und keinesfalls als Ersatz herkömmlicher Maltechniken zu verstehen. Kinder lernen so Medien auch als Gestaltungsmittel kennen.

Vorbereitung

Besorgen Sie in der Bibliothek einen Bildband mit verschiedenen Gestaltungstechniken zum Stöbern und Blättern. Auch die Beschäftigung mit der Farbenlehre ist eine gute Vorbereitung für ein Kunstprojekt, z. B. mit dem Bilderbuch »Kasimir malt«. von Lars Klinting und Angelika Klutsch. Weitere Anregungen zur Farbenlehre finden Sie z. B. hier: montessoriselbstgemacht.wordpress.com/tag/farbenlehre.

So wird's gemacht

Besprechen Sie, welche Mal- und Gestaltungstechniken die Kinder kennen: Malen mit Wasser- oder Fingerfarben, Stempeln, Kleistern, Prickeln, Collagieren … Fragen Sie die Kinder, wer schon mal am Computer oder Tablet gemalt hat. Fügen Sie auch diese Gestaltungstechnik der Liste hinzu.

Probieren Sie die Techniken nach und nach durch und irgendwann sind dann die digitalen Malwerkzeuge an der Reihe. Schließen Sie einen Computer oder Tablet an einen Beamer an und probieren Sie mit den Kindern kurz die verschiedenen Werkzeuge aus: Malen mit Stift und Pinsel, Farbnebel mit der Sprühdose erzeugen, Flächen füllen mit dem Farbeimer, geometrische Formen und Muster einbauen u. v. m. Ist etwas nicht so gelungen wie gewünscht, wird der letzte Arbeitsschritt rückgängig gemacht: je nach Programm z. B. durch die Tastenkombination STRG + Z, über den Rückgängig-Pfeil in der Symbolleiste oben oder mit dem – digitalen – Radiergummi.

Und dann können die Kinder wie bei den anderen Gestaltungstechniken auch frei experimentieren.

Vertiefung

Sind den Kindern die Werkzeuge des Malprogramms vertrauter, können Sie anspruchsvollere Aufgaben stellen: z. B. die Lieblingsmedienfigur malen, ein eigenes Mandala aus geometrischen Formen, ein Fehler-Suchbild oder eigene Fotos weitermalen, also z. B. zum Kopf einen neuen Körper.

Abschluss

Gestalten Sie eine Ausstellung mit den verschiedenen Kunstwerken und lassen Sie die Kinder erklären, wie die Bilder jeweils entstanden sind. Ein schöner Abschluss des Projekts ist auch die Erstellung eines Kunstbildbands. Überlegen Sie dazu gemeinsam, wie die ganzen Kunstwerke zu einem Bildband zusammengefügt werden können. Bilder lassen sich einscannen, aber Collagen und Skulpturen müssen abfotografiert werden.

Sind alle Werke digitalisiert, werden sie in ein Textverarbeitungs- oder Präsentationsprogramm eingefügt (z. B. *MS Word*, *MS PowerPoint*, *OpenOffice*, *Book Creator*), mit Untertiteln versehen (z. B. Name der Künstlerin/des Künstlers, Gestaltungstechnik, ggf. Thema/Titel, Datum) und ausgedruckt. Sehr eindrucksvoll ist die Erstellung eines Fotobuchs, das bei verschiedenen Online-Anbietern je nach Seitenzahl schon ab etwa fünf bis zehn Euro zu haben ist.

Zum Weiterlesen

Scholz, K. (2014): Kunst mit Kita-Kindern. 111 Techniken für ästhetische Bildung. Berlin.

Wagner, K. (2010): Praxisbuch Kunst im Kindergarten. Schaffhausen.

www.kindergartenpaedagogik.de/1770.html
Ideenbörse »Kunst, ästhetische Bildung, Kultur, bildnerisches Gestalten«

www.rananmausundtablet.de
Die Rubrik »Ideen für die Praxis« enthält zahlreiche kreative Methodenbausteine.

Mathematik, Naturwissenschaft und Technik

Forschen, probieren, experimentieren …

»Die Neugierde der Kinder ist der Wissensdurst nach Erkenntnis, darum sollte man diese in ihnen fördern und ermutigen.«

John Locke, englischer Philosoph

Schon Kindergartenkinder wollen die Vorgänge um sich herum verstehen, sie gehen Dingen auf den Grund und stellen zahllose Warum-Fragen. Sie sammeln und ordnen, zählen, sortieren und kategorisieren und machen dadurch tagtäglich Erfahrungen im naturwissenschaftlichen und mathematischen Bereich. Nicht zuletzt die zugrunde liegende Verlässlichkeit und Ordnung fasziniert Kinder. Auch mit Technik gehen sie ganz selbstverständlich und unbefangen um und wollen wissen, wie sie funktioniert.

Dieses Interesse und die Experimentierfreude, die intrinsische Motivation, gilt es, aufzugreifen und zu nutzen und wichtige Grundlagen zu schaffen. Keinesfalls soll der schulische Unterricht in den Kindergarten vorverlegt werden. Vielmehr gilt auch hier, dass Lernen überwiegend durch Aufgreifen der kindlichen Interessen im Spiel passiert. Und der Kita-Alltag bietet viele Möglichkeiten, z. B. die mathematische Bildung spielerisch zu unterstützen: Zählen, Sortieren, Wiegen, Messen, Aufräumen, Zuordnen, Bauen mit Bauklötzen, Raumerfahrungen durch Klettern, Zeitgefühl durch ritualisierte Tagesabläufe, Takt- und Rhythmusspiele … Hierdurch können wesentliche Grundlagen für das mathematische Denken geschaffen werden, nämlich ein Verständnis für Mengen, für das Prinzip von Symbolen, für logische Zusammenhänge und räumliche Orientierung.

Gehen Sie gemeinsam Dingen auf den Grund, bieten Sie Raum zum Fragen, Probieren, Beobachten und Experimentieren und nutzen Sie die Chancen, die der Alltag bietet: das Spiel im Kaufmannsladen, gemeinsames Kochen und Backen, Säen, Pflanzen, Ernten … Durch den Einsatz von Medien können Details in den Fokus gerückt, Forschungsprozesse dokumentiert und Ergebnisse präsentiert werden.

Literatur

Fthenakis, W. E. (Hrsg.) (2009): Natur-Wissen schaffen. Troisdorf.

Lück, G. (2008): Warum ist der Himmel blau? Naturwissenschaftliche Bildung und Erziehung. In: Ebert, S. (Hrsg.): Die Bildungsbereiche im Kindergarten. Freiburg im Breisgau.

Dreieckig? Rund? Quadratisch? Formen-Spiele

Alter: ab 4 Jahre
Gruppengröße: ganze Gruppe
Dauer: ca. 60 Minuten
Material: eine Fotokamera oder ein Tablet, ein Drucker

Formen tauchen überall im Alltag auf. Sie zu erkennen und benennen zu können, ist eine wesentliche Grundfähigkeit für die Entwicklung des mathematischen Denkens. Was den Kindern zunächst nur bunt und vielseitig erscheint, lässt sich über die Benennung langsam Kategorien zuordnen und man kann Gesetzmäßigkeiten erkennen.

Vorbereitung

Machen Sie Kinder auf Formen aufmerksam und benennen Sie sie, wenn sie sie verwenden: die Bauklötze, die Backformen, die Schablonen beim Basteln, Hinweisschilder, die Gruppenzeichen … Regen Sie beim Bauen mit Bauklötzen zur Abwechslung einmal die Verwendung nur einer Bausteinsorte an oder beim Malen die Verwendung der kreisrunden Schablone. Wiederholen Sie die Namen der Formen, wann immer es passt, sodass sich die Begriffe langsam einprägen.

So wird's gemacht

In Kleingruppen oder auch gemeinsam als ganze Gruppe geht es auf die Suche in der Umgebung: Kreise, Dreiecke, Rechtecke, Quadrate … Wer die passende Form gefunden hat, bekommt die Kamera bzw. das Tablet und fotografiert: die Bodenfliese – ein Quadrat, die Steckdose – ein Kreis und drum herum – ein Quadrat, der Gullydeckel – ein Kreis, das Sandförmchen – ein Dreieck usw.

Sind alle Formen mehrmals gefunden worden, geht es zurück in den Gruppenraum und die Fotos werden gemeinsam angesehen und anschließend sortiert. Das kann z. B. am Rechner geschehen, indem Sie mehrere Unterordner angelegen, in die dann jeweils die entsprechenden Fotos geschoben werden. Einfacher und greifbarer ist es natürlich mit ausgedruckten Fotos, die auf verschiedene Stapel oder in verschiedene Schachteln gelegt werden.

Zählen Sie dann die gefundenen Formen einer Kategorie. Legen Sie dazu die Fotos nebeneinander, sodass sich das Zahlwort mit einem Bild von der Menge verbindet.

Lassen Sie die Kinder im Gruppenraum auch nach Gegenständen in der entsprechenden Form suchen: das rechteckige Bilderbuch, der kreisrunde Ball, der dreieckige Bauklotz etc. Die gefundenen Gegenstände werden zu den Fotos in den entsprechenden Schachteln gelegt. Lassen Sie die Formensammlung einige Tage im Gruppenraum stehen, sodass die verschiedenen Exemplare derselben Form immer wieder begutachtet werden können.

Vertiefung

Erstellen Sie aus den Formen-Fotos ein Memory®-Spiel, wie auf S. 30 beschrieben. Beim klassischen Memory®-Spiel werden dann jeweils die beiden identischen Fotos gesucht. Etwas anders sieht die Herausforderung aus, wenn nicht das gleiche Foto, sondern die gleiche Form gesucht werden muss. Ein Bildpaar kann also auch aus einem Gullydeckel und einer Steckdose bestehen, weil erkannt wurde, dass beides ein Kreis ist.

Variation

Lassen Sie die Kinder mit der Kamera Mengen oder auch Zahlen suchen. Bringen Sie die Fotos dann gemeinsam in die richtige Reihenfolge bzw. sortieren Sie die Fotos gemeinsam nach der darauf abgebildeten Menge.

Aus den Zahlen- und Mengenfotos können ebenfalls Foto-Memorys® erstellt werden. Dann werden jeweils die identischen Fotos gesucht bzw. die Fotos, die die gleiche Menge oder Zahl anzeigen, oder noch einen Schritt weitergehend: Zur Menge wird die dazugehörige Zahl gesucht.

Abschluss

Gucken Sie sich die Fotos gemeinsam an, gehen Sie nochmals auf die Namen der Formen bzw. Zahlen und Mengen ein. Richten Sie eine Mathe-Ecke ein, in der die Formensammlung ausgestellt wird. Dort gibt es außerdem noch verschiedene Materialien und Bücher zum Thema sowie Werkzeuge, die beim Erforschen mathematischer Themen hilfreich sind: Maßband, Lineal, Geodreieck, Taschenrechner, Abakus, Waage, Papier (auch kariertes), Stifte ...

Zum Weiterlesen

Bostelmann, A. (Hrsg.) (2009): Jederzeit Mathezeit! Das Praxisbuch zur mathematischen Frühförderung in der Kita. Mülheim an der Ruhr.

Mit Formen gestalten – malen und bauen

Alter: ab 4 Jahren
Gruppengröße: ganze Gruppe
Dauer: ca. 30 Minuten pro Aktion
Material: ein Lineal, ein Geodreieck, Schablonen, Papier und Stifte, ein PC mit Malprogramm (z. B. *MS Paint* oder *TuxPaint*) oder ein Tablet mit Mal-App (z. B. *PicsArt* oder *Creative Kids*, beide für iOS und Android), ggf. die App *Foldify* (für iOS), ggf. eine Fotokamera

Vorbereitung

Leihen Sie in der Bibliothek einen Kunst-Bildband aus, z. B. von Kandinsky. Hier finden Sie Bilder, die überwiegend aus geometrischen Formen bestehen. Lassen Sie die Kinder die Bilder beschreiben. Gehen Sie dabei auch darauf ein, wie die Formen heißen, wo im Bild sie sich befinden, wie sie zueinander liegen.

So wird's gemacht

Lassen Sie die Kinder selbst verschiedene Bilder gestalten:

- Vorlagen ausmalen (kostenloser Download z. B. auf www.kindermalvorlagen.com/zum-ausmalen/vorlagen-geometrische-formen.php)
- frei Hand zeichnen oder mit Lineal und Schablonen arbeiten
- im Malprogramm (PC oder Tablet) nur die Formen verwenden
- ein Mandala aus geometrischen Formen gestalten

Ein Malprogramm real in Szene setzen …

Kleben Sie in der Mitte des Raums einen großen Bogen Papier auf dem Boden fest, das den Monitor bzw. die Arbeitsfläche darstellt. Verteilen Sie die verschiedenen Werkzeuge aus dem Malprogramm im Raum, z. B. Tuschkasten, Pinsel, Stifte, Lineal, Zirkel, Radiergummi etc. Die Maus wird durch ein Rollbrett »ersetzt«. Auf dem Rollbrett bewegt sich das Kind durch den Raum, um die Werkzeuge zur Arbeitsfläche, dem Papier, zu holen. Dann kann mit dem Werkzeug gemalt werden. Wird ein anderes Werkzeug benötigt, so muss zunächst das erste wieder an seinen Platz gebracht werden, denn schließlich kann beim Malen am Computer auch immer nur ein Werkzeug zur selben Zeit genutzt werden.

Vertiefung

Eine vertiefende Herausforderung stellt die dreidimensionale Arbeit mit Formen dar. Über das eigene Gestalten können die Kinder die Formen noch einmal anders begreifen. Als Vorlagen können z. B. Bauklötze dienen. Betrachten Sie die Form gemeinsam und überlegen Sie, wie diese nachgebaut werden kann. Für kleinere Kinder können auch entsprechende Bastelvorlagen zur Verfügung gestellt werden (z. B. auf www.kidsweb.de/spiele/wuerfel_basteln/wuerfel_basteln.html).

Mit der App *Foldify* können eigene 3-D-Modelle gestaltet werden. Dazu kann aus einer Fülle von Vorlagen ausgewählt werden. Das Modell wird dann als flache Gestaltungsvorlage angezeigt und kann angemalt sowie mit eigenen Fotos und Clip Arts oder Mustern gefüllt werden.

Links neben der Gestaltungsvorlage wird das Modell bereits in 3D angezeigt und kann durch Antippen gedreht werden.

Das fertige Modell wird über einen WLAN-Drucker ausgedruckt (es kann auch als PDF abgespeichert und versendet werden, falls kein WLAN-Drucker zur Verfügung steht). Die Kinder können dann den Ausdruck ausschneiden und zusammenbauen.

Versuchen Sie anschließend, aus den 3-D-Formen Türme oder andere Bauwerke zu konstruieren. Lassen Sie die Kinder ihre Modelle und Bauwerke fotografieren.

Abschluss

Machen Sie eine Formen-Ausstellung. Laden Sie dazu die Kinder der anderen Gruppen und die Eltern ein. Neben den verschiedenen Kunstwerken, die entstanden sind, können auch die Fundstücke aus der Fotosafari und das Formen-Memory® präsentiert werden (vgl. S. 96). Und vielleicht lässt sich ja zur Vernissage ein Formen-Büffet aus runden Crackern, rechteckigen Keksen, Käsewürfeln und Toast-Dreiecken anbieten.

Zum Weiterlesen

www.haus-der-kleinen-forscher.de
Themenbroschüre und Praxisideen zur Mathematik in Kindergarten und Grundschule in der Rubrik Praxisanregungen / Experimente und Themen / Mathematik.

www.klick-tipps.net/kinder/themen
Kommentierte Themenpakete mit Surftipps und Apps, z.B. »Malen & Kritzeln«.

Der Wissens-Parcours

Alter: ab 4 Jahre
Gruppengröße: ganze Gruppe
Dauer: ca. 60–90 Minuten
Material: mind. ein PC oder Tablet, ein Wecker oder eine Eieruhr, je nach Thema Bilderbücher, Mal- und Bastelmaterialien, Aufgabenblätter …

Kinder lieben Herausforderungen und bewältigen auch gern spielerische Aufgaben. Ein Parcours, der wie ein Zirkeltraining aufgebaut ist und bei dem es gilt, gemeinsam bestimmte Aufgaben in einer festgelegten Zeit zu bearbeiten, macht den Kindern Spaß und fördert den Teamgeist.

Vorbereitung

Wählen Sie passend zum jeweiligen Thema (Zahlen, Mengen, Formen, Naturwissenschaften …) verschiedene Aufgaben und Software aus, z. B.:

- »Fragenbär« (kostenloses Probespielen, Infos auf www.spielend-lernen-verlag.de)
- »Fiete Math« (Infos auf ahoiii.com)
- »Emil & Pauline« (auch kostenlose Arbeitsblätter zum Download, Infos auf www.emil-und-pauline.de)

Auch zu beliebten Medienfiguren gibt es oftmals digitale Spielangebote, viele davon auch durchaus empfehlenswert, z. B.: *Drache Kokosnuss*, *Käpt'n Sharky*, *Lauras Stern*, *Janosch* …

Achten Sie bei der Auswahl der Software bzw. Apps darauf, dass die Spiele nicht zu umfangreich sind, damit sie innerhalb der vorgegebenen Zeit im Parcours auch zu bewältigen sind.

Sie müssen die Software nicht unbedingt kaufen, viele Bibliotheken haben eine umfangreiche Auswahl in ihrer Mediothek, so können Sie sich erst einmal einen Überblick verschaffen bzw. geeignete Titel für den Parcours auswählen und testen. Auch Themenboxen, in denen Bücher und Materialien zu einem Themengebiet zusammengestellt sind und die viele Bibliotheken anbieten, können hilfreich sein.

Tipp

Auf www.blickwechsel.org/medienpaedagogik/surftipps ist unter »App-gecheckt« ist eine Zusammenstellung von Datenbanken zu finden, die bei der Auswahl geeigneter Apps unterstützen. Viele Datenbanken ermöglichen das gezielte Suchen nach Themen, z. B. www.ene-mene-mobile.de/tag/mathe.

So wird's gemacht

Bilden Sie Teams aus drei bis fünf Kindern und erklären Sie das Zirkeltraining: An jeder Station dürfen sich die Teams zehn Minuten aufhalten, um die jeweilige Aufgabe zu lösen. Wenn der Wecker klingelt, geht es an die nächste Station.

Im Stuhlkreis wird anschließend besprochen, was den Kindern am besten gefallen hat, welche Aufgabe leicht oder auch schwerer war. Im anschließenden Freispiel können die Lieblingsstationen nochmals besucht werden.

Vertiefung

Bewerten Sie zusammen verschiedene Software-Titel. Gehen Sie dabei vor wie unter »Top oder Flop« auf S. 48 beschrieben.

Abschluss

Gehen Sie in einer Abschlussrunde nochmals auf die Aufgaben ein und machen Sie den Kindern bewusst, was sie gelernt haben. Würdigen Sie die Leistungen im Wissens-Parcours mit einer Urkunde oder einem Diplom. Neben Geräusche- und Fotorätseln, Zuordnungs- und Tastspielen gibt es auch Rechercheaufgaben oder thematisch passende Wissens- oder Geschicklichkeitsspiele.

Zum Weiterlesen

www.haus-der-kleinen-forscher.de
Die gemeinnützige Stiftung »Haus der kleinen Forscher« engagiert sich seit 2006 für eine bessere Bildung von Kindern im Kita- und Grundschulalter in den Bereichen Naturwissenschaften, Mathematik und Technik. Auf der Seite sind zahlreiche Praxisanregungen zu finden.

www.meine-forscherwelt.de
Der virtuelle Forschergarten ist einem großen Abenteuerspielplatz nachempfunden. Die Hauptfiguren Tim und Juli laden die Kinder zum Besuchen ein. Die Webseite bietet den Kindern Zugang zu anregenden Forscherthemen und -ideen, die oft einen Bezug zu ihrer realen Welt haben.

Was krabbelt denn da? Naturerkundungen

Alter: ab 4 Jahre
Gruppengröße: ganze Gruppe oder in Kleingruppen
Dauer: einen (halben) Tag Waldausflug, Vertiefungen je 30–60 Minuten
Material: Becherlupen, Sammelbeutel, ein Fotoapparat oder Tablet, Bestimmungshilfen, Apps zur Naturerkundung, ggf. Internetzugang für Kindersuchmaschinen

Naturerkundungen eignen sich hervorragend, um reale Erlebnisse und Beobachtungen digital zu begleiten, zu dokumentieren und zu vertiefen. Tierspuren und -stimmen, Ameisenhaufen und Spinnennetze, Tautropfen, Baumlöcher und allerlei Getier können so digital eingesammelt und erforscht werden.

Vorbereitung

Mit Kindern Pflanzen, Insekten oder andere (Klein-)Tiere zu beobachten, erfordert Ruhe, Geduld und Vorsicht. Besprechen Sie mit den Kindern im Vorfeld den respektvollen Umgang mit der Natur und ihren Lebewesen.

So wird's gemacht

Ausgestattet mit Becherlupen und Netzen sowie Fotoapparat bzw. Tablet startet der Erkundungsspaziergang. Teilen Sie je nach Thema vorher die »Forschungsteams« ein.

Beispiele für »Forschungsaufträge«

- Von welchem Baum stammt das Blatt/die Frucht? Fotografiert Bäume und sammelt die dazugehörigen Blätter/Früchte.
- Sucht und fotografiert Insekten und andere kleine Lebewesen/Tierspuren, Nester und andere Tierbehausungen.
- Was hört ihr und woher kommt das Geräusch? Nehmt es auf und macht ein Foto von der Geräuschquelle.
- Sucht und fotografiert: Alles, was grün ist/was man essen kann/was hier nicht hergehört ...

Sie können auch ein »begehbares Fehlersuchbild« im Wald gestalten: Dazu werden z. B. im Vorfeld im Wald einige Gegenstände versteckt, die dort nicht hingehören: Wachsen Bananen im Wald? Ist das eine Bürste oder ein Igel? Gehört dieses Blatt wirklich zu dem Baum? Welche Gruppe findet zuerst die fünf Fehler? Sobald ein Fehler gefunden wurde, wird er fotografiert und die Suche geht weiter. So können mehrere Gruppen gleichzeitig auf die Suche gehen.

Zurück in der Gruppe werden die realen und digitalen Fundstücke unter die Lupe genommen und so weit wie möglich benannt und beschrieben. Daraus ergibt sich eine Vielzahl weiterer Fragen, denen mithilfe von Bestimmungsbüchern, geeigneten Apps und Kindersuchmaschinen auf den Grund gegangen werden kann (vgl. dazu »Forschen & Recherchieren« auf S. 110).

Die Fundstücke und Rechercheergebnisse werden zusammengetragen und präsentiert, entweder als Wandzeitung oder auch digital, z. B. mit einer Präsentationssoftware (z. B. *MS PowerPoint*) oder der App *Book Creator*. Mit *Book Creator* können die Kinder ihre Eindrücke und Erlebnisse in einem E-Book festhalten. Sie können Fotos einfügen, neben das Foto ein Bild malen und Geräusche, Musik und Kommentare integrieren. So können sie ihr ganz persönliches Buch zum Waldtag gestalten und es anschließend als E-Book ansehen, per E-Mail verschicken oder als PDF-Datei speichern und ausdrucken.

Tipp

Es gibt eine Vielzahl empfehlenswerter Webseiten und Apps, um das Thema Wald zu vertiefen. Eine Zusammenstellung finden Sie hier: www.blickwechsel.org/medienpaedagogik/praxis-methoden/302-auf-dem-tablet-seziert.

Gestalten Sie z. B. eine Rallye mit verschiedenen Stationen (s. S. 100).

Abschluss

Lassen Sie die Erlebnisse des Waldausflugs nochmals Revue passieren: *Was hat euch besonders gut gefallen? Worauf sollten wir achten, wenn wir im Wald unterwegs sind?* Die Fragen, mit denen Sie diese Aktion abschließen, richten sich natürlich nach dem Themenschwerpunkt, mit dem Sie in die Waldexkursion gestartet sind.

Zum Weiterlesen

www.bibernetz.de/wws/mathematisch-naturwissenschaftliche-bildung.html
Umweltpädagogische und naturwissenschaftliche Praxisideen für die Kita

Was wächst denn da? Entwicklungsprozesse im Zeitraffer

Alter: ab 4 Jahre
Gruppengröße: ganze Gruppe
Dauer: ein Foto pro Tag/Woche über einen Zeitraum von mehreren Tagen oder auch Wochen/Monaten
Material: ein Tablet oder eine Fotokamera und ein PC, ein Stativ, Kreppklebeband o. Ä. (um den Kamerastandpunkt zu markieren), das Programm StopMotionStudio, je nach Vorhaben Blumenzwiebeln, Kressesamen o. Ä.

Entwicklungsprozesse in der Natur können mit der Kamera dokumentiert und mithilfe entsprechender Software zu einem kleinem Trickfilm oder einem animierten GIF zusammengefügt werden.

Vorbereitung

Suchen Sie einen geeigneten Ort, an dem die Beobachtungsreihe durchgeführt werden kann. Wichtig ist, dass das Stativ mit der Kamera zum festgelegten Zeitpunkt, z. B. jeden Morgen nach dem Morgenkreis, an exakt derselben Stelle steht. Der Punkt muss z. B. mit Kreppklebeband o. Ä. markiert werden. Optimal wäre, wenn das Stativ mit Kamera stehen bleiben. Jeden Morgen wird dann als Erstes ein Foto aufgenommen, so lange, bis die Blume, Kresse o. Ä. sich voll entwickelt hat.

So wird's gemacht

Eine einfache **Fotoreihe** zur Dokumentation von Entwicklungsprozessen können schon kleinere Kinder gut realisieren. Wählen Sie gemeinsam das Motiv, z. B. die Blumenzwiebel, die im Herbst gemeinsam gepflanzt wurde und aus der jetzt im Frühling endlich ein Schneeglöckchen wird.

Dann wird in regelmäßigen Abständen – z. B. jeden Tag oder einmal in der Woche – immer wieder ein Foto aufgenommen. Die Fotoreihe kann als Wandzeitung ausgehängt werden oder als Diashow im digitalen Bilderrahmen ablaufen.

Tipp

Bedenken Sie bei der Kameraeinstellung und Bildaufteilung, dass Wachstum stattfindet, für das im Foto auch nach oben hin ausreichend Platz sein muss.

Für einen **Trickfilm**, der die Entwicklung im Zeitraffer darstellt, muss sehr exakt gearbeitet werden: Das Motiv wird von genau demselben Standpunkt aus in derselben Einstellung und aus derselben Höhe aufgenommen, und auf jeden Fall mit Stativ (Höheneinstellung merken!). Am besten wird der Standpunkt notiert und die Kamera in der Grundeinstellung, ohne zu zoomen oder sonstige Veränderungen, verwendet. Je nachdem, wie schnell sich das Motiv verändert, wird täglich oder alle paar Tage geknipst. Je kleiner die Veränderungen des Motivs sind, umso flüssiger läuft später der Zeitraffer im Trickfilm ab.

Um die fertigen Fotos zu einem Trickfilm zusammenzustellen, können Sie das kostenlose Programm StopMotionStudio (für iOS, Android und WIN10) verwenden. Mit diesem Programm kann der selbst erstellte Trickfilm sogar mit Vor- und Abspann und Musik versehen werden.

Variation

Mit einem GIF-Animator (z. B. der Freeware *GiftedMotion 1.23*) können Sie aus der Fotoreihe ein animiertes GIF erstellen. Dann laufen die Fotos in einer Endlosschleife ab, d. h., wenn die Blume voll aufgeblüht ist, startet die Fotoreihe wieder von Neuem. Dafür kann die Fotoreihe auch so lange fortgesetzt werden, bis die Pflanze verblüht ist.

Abschluss

Sehen Sie sich die Ergebnisse gemeinsam an. Fragen Sie die Kinder, warum die Pflanze plötzlich so schnell wächst, obwohl die Fotos über einen langen Zeitraum hinweg aufgenommen worden sind. Neben der Auseinandersetzung mit Entwicklungsprozessen in der Natur kann so auch ein Verständnis für die Machart von Medien gefördert werden.

Zum Weiterlesen

Kohler, B./Lude, A. (2015): Garten & Natur erfahren mit dem Bilderbuch »Was wächst denn da?« von Gerda Mueller. Weinheim.

Licht & Schatten

Alter: ab 4 Jahren
Gruppengröße: ganze Gruppe
Dauer: ca. 60 Minuten pro Aktion
Material: eine Fotokamera oder ein Tablet, eine Lichtquelle und ein weißes Tuch, farbige Folien, eine Rotlichtlampe, ggf. ein Schuhkarton und Pergamentpapier

Das Thema »Licht und Schatten« ist weit und lässt sich je nach Schwerpunktsetzung ganz unterschiedlichen Bildungsbereichen zuordnen. Bei der hier gewählten naturwissenschaftlichen Herangehensweise stehen Aspekte der Optik im Vordergrund.

Vorbereitung

Als Einstieg in das Thema eignen sich Wahrnehmungsspiele wie im Baustein »Seh-Reise« (S. 70) beschrieben, z. B. »Ich sehe was, was du nicht siehst!«. Besprechen Sie auch die Rolle, die Licht für das Sehen spielt. Dunkeln Sie den Raum langsam ab und beobachten Sie gemeinsam, wie zunächst die Farben »verschwinden« und schließlich alles in Dunkelheit versinkt und unsichtbar wird.

So wird's gemacht

Was wissen wir alles schon über Licht und Schatten? Was wäre, wenn die Sonne nie untergehen würde? Oder wenn es nie hell würde? Sammeln Sie Erlebnisse, Fragen und Wissen und begeben Sie sich dann gemeinsam auf Informationssuche wie unter »Forschen & Recherchieren« (S. 110) beschrieben.

Einfache Experimente, z. B. mit Kristallen, die gegen das Licht gehalten werden, verdeutlichen anschaulich, dass Licht aus Farbe besteht. Auch einen »Regenbogen« können die Kinder entstehen lassen: bei Sonnenschein mit einem Gartenschlauch oder wenn sie in einem dunklen Raum eine CD mit einer Taschenlampe anstrahlen (vgl. dazu z. B. www.haus-der-kleinen-forscher.de/de/praxisanregungen/experimente-themen/licht-farben-sehen.

Hieran kann sich die Auseinandersetzung mit Farben anschließen, z. B. wie bei »Gelb, Blau, Rot … – bunte Fotoreihen« (S. 88) beschrieben. Lassen Sie die Kinder Farben anmischen und mit Farben experimentieren. Ergänzend kann fotografiert werden, z. B.:

Beispiele für Foto-Aufgaben

»Farb-Fotos«

- Farben in der Umgebung suchen
- Farbsammlungen: Gegenstände einer Farbe sammeln und arrangieren
- »Farbenecken« lassen Farbe spürbar werden: Eine Rotlichtlampe, rote Tücher an den Wänden, ein rotes Sofa usw. schaffen eine warme, gemütliche Atmosphäre. Die Kinder fotografieren sich in den verschiedenen Farbenecken. Und wie fühlt es sich ganz in Gelb, Blau oder Grün an?

»Licht-&-Schatten-Fotos«

- Mein Schatten & ich: zusammen auf einem Foto, unterschiedlich je nach Tageszeit, aus verschiedenen Perspektiven …
- Mein Schatten ohne mich – wer bin ich? Wer verbirgt sich hinter dem fotografierten Schatten?
- Porträtfotos mit der Taschenlampe: Licht von der Seite, von oben, von unten, vor hellem oder dunklem Hintergrund, Gegenlichtaufnahmen
- Schattenriesen: Eine kleine Figur wird mit einer Lampe angestrahlt. Je nach Winkel und Entfernung wächst oder schrumpft die Figur.

Vertiefung

Durch digitale Bildbearbeitung lassen sich Fotos ganz einfach um- oder auch entfärben und bieten z. B. in Schwarz-Weiß einen Anlass zur Zeitreise: Wie war das eigentlich früher, als Fotografen mit großen Kästen minutenlang Bildplatten belichtet haben? Bauen Sie mit den Kindern ein einfaches Modell einer Camera obscura: Ein Schuhkarton wird an der offenen Seite mit einem Pergamentpapier zugeklebt. Gegenüber wird in der Mitte ein kleines Loch durch den Boden gebohrt. Auf dem Pergamentpapier wird das Licht, das durch das kleine Loch fällt, als auf dem Kopf stehendes Bild sichtbar (vgl. auch www.kidsville.de/atelier/foto/camera-obscura).

Abschluss

Schauen Sie sich die entstandenen Bilder gemeinsam an und lassen Sie sich von den Kindern erklären, wie sie entstanden sind, warum es Schatten gibt und wozu wir Licht brauchen. So machen sich die Kinder nochmals bewusst, was sie herausgefunden und gelernt haben. Machen Sie eine Foto-Ausstellung.

Zum Weiterlesen

www.bildungsserver.de/Schatten-und-Licht-mit-Kindern-entdecken-6372.html
Schatten und Licht mit Kindern entdecken

Wetter & Jahreszeiten

Alter: ab 3 Jahren
Gruppengröße: ganze Gruppe
Dauer: ca. 30 Minuten pro Aktion
Material: eine Fotokamera oder ein Tablet

Alltäglichen Phänomenen auf den Grund gehen, Interesse wecken, die Beobachtungsgabe stärken ... mit der digitalen Fotokamera können die Erkundungsprozesse begleitet und vertieft werden.

Vorbereitung

Sammeln Sie Fotos, z. B. von verschiedenen Aktionen und Ansichten der Kita, bei denen die Jahreszeit zu erkennen ist, z. B. Pfützenspringen, Schneeglöckchen, Schneemannbauen, Eisessen, der rote Laubbaum …

So wird's gemacht

Jeden Morgen wird im Morgenkreis der Wochentag, das Datum, das Wetter und die Jahreszeit besprochen, bevor es dann um die Aktionen und Themen des Tages geht. Dieses Mal wird das Thema »Jahreszeiten« aber vertieft. Legen Sie die gesammelten Fotos aus und lassen Sie die Kinder raten, in welcher Jahreszeit sie aufgenommen wurden.

Wetter-Fotos: Lassen Sie die Kinder den Himmel bei verschiedenen Wetterverhältnissen fotografieren.

Tipp

Wenn Sie diese Aktion z. B. im April starten, haben Sie, wenn Sie Glück haben, binnen weniger Tage viele verschiedene Wetterverhältnisse dokumentiert und können daraus ihre eigenen Wettersticker für die Wettertafel gestalten. Toll, wenn auch seltenere Phänomene, wie z. B. ein Regenbogen oder ein kontrastreicher Gewitterhimmel, dabei sind.

Drucken Sie dazu die Fotos klein aus (z. B. wie beim Foto-Memory® auf S. 30 beschrieben), laminieren Sie sie und kleben Sie sie auf Magneten.

Die Kinder können sich auch gegenseitig mit der wetterabhängigen Kleidung fotografieren, z. B. kurz bevor es zum Freispiel nach draußen geht oder – besser noch – wenn möglich, wenn sie schon draußen sind: in Gummistiefeln und Regenjacke, mit Sonnenhut und Sonnencreme, mit dicker Mütze und Schal. Auch diese Fotos können die Wettertafel vervollständigen oder in einem Foto-Memory® zusammen mit einem normalen Porträtfoto oder mit Jahreszeiten-Fotos kombiniert werden.

Jahreszeitenfotos: Machen Sie gemeinsam in einem bestimmten Rhythmus, z. B. jede Woche oder jede zweite ein Foto aus dem Fenster des Gruppenraums heraus, z. B. vom Baum. So wird die Veränderung durch die Jahreszeiten festgehalten. Hat die Kita eine Parzelle, kann natürlich auch dort ein schönes Motiv gewählt werden. Wichtig ist, dass das Foto von etwa demselben Standpunkt aus aufgenommen wird, damit die Veränderungen deutlich zu erkennen sind und die Verschiebung des Bildausschnitts nicht davon ablenkt.

Was wächst und blüht zu welcher Jahreszeit? Gehen Sie mit den Kindern in jeder Jahreszeit mehrmals auf Foto-Safari und halten Sie im Bild fest, was die jeweilige Jahreszeit hervorbringt.

Vertiefung

Mit älteren Kindern kann man der Frage auf den Grund gehen, wie Wetter »entsteht« oder wer die Wettervorhersagen macht und was der Wetterfrosch damit zu tun hat. Vergleichen Sie dazu auch »Recherchieren & Erklären« auf den nachfolgenden Seiten.

Abschluss

Die entstandenen Fotos können im Morgenkreis dazu dienen, das Wetter und die Jahreszeit zu besprechen, sie können die bisherigen vorgefertigten Magnete ergänzen oder ersetzen. Auch ein eigener Jahreszeitenkalender kann so zusammengestellt werden, der auch immer wieder beliebig ergänzt werden kann.

Zum Weiterlesen

Bicker, S. (2011): Jahreszeiten. Ideen für die Kita-Praxis. Aus der Reihe »Frühe Kindheit. Projektarbeit mit Kindern«. Berlin

www.kidsweb.de/schule/wetter/wetter_spezial.html
Lieder, Sprüche, Spiele und Wissenswertes rund um das Thema Wetter

Wieso? Weshalb? Warum? – Teil I: Forschen & Recherchieren

Alter: ab 5 Jahren
Gruppengröße: ganze Gruppe oder in Kleingruppen
Dauer: mind. 60 Minuten, je nach Thema auch mehr, ggf. Exkursionen
Material: ein PC oder Tablet, Internetzugang, ggf. eine Fotokamera, ggf. ein Mikrofon

Kinder sind neugierig und haben viele Fragen. Sie wollen Sachverhalten auf den Grund gehen, Hintergründe erforschen und Zusammenhänge verstehen. Mit Mikrofon und Kamera können sie die Forschungsprozesse und -ergebnisse dokumentieren.

Vorbereitung

Legen Sie ein Thema fest und holen Sie Adressen von geeigneten Anlaufstellen dazu ein. Viele Bibliotheken bieten an, Bücherkisten zu verschiedenen Themen zusammenzustellen, so haben Sie gleich eine geeignete Auswahl von Kinderbüchern zum Thema parat. Geben Sie in Kindersuchmaschinen die Suchbegriffe ein, die die Kinder je nach Thema wahrscheinlich vorschlagen werden, damit Sie wissen, ob darüber geeignete Informationen auffindbar sind.

So wird's gemacht

Was wissen wir schon über das Thema? Was habt ihr in diesem Zusammenhang bereits erlebt? Wo könnten wir weitere Informationen herbekommen? Sammeln und sortieren Sie die Fragen und das Wissen der Kinder sowie die Ideen zur Wissensbeschaffung.

Tipp

Der Empfehlungskatalog »Bildung braucht Bildungsbücher« von Sylvia Näger (2018/19) ist eine nach Bildungsbereichen sortierte, kommentierte Bücherliste (Download: www.freiburg.de/pb/228388.html). Auf www.kinderbuch-couch.de kann nach verschiedensten Themen gesucht werden.

Achten Sie bei den Begriffen, die Sie in die Suchmaschine eingeben, auf eindeutige Wortwahl. Je ungenauer der Begriff ist, desto allgemeiner und zahlreicher sind die Informationen, die sie bekommen. Bei komplexeren Themen können Sie auch eine Frage eingeben, z. B. »Warum regnet es?«.

Informationssuche im Netz

Hilfreiche Tipps für die Informationssuche finden Sie z. B. auf www.klicksafe.de/themen/suchen-recherchieren/suchmaschinen/tipps-tricks-beim-suchen.

Eine weitere Möglichkeit sind Linklisten zu einem bestimmten Thema, sodass Sie schon einmal eine Vorauswahl von potenziell interessanten Seiten haben. Auf www.klick-tipps.net/kinder/themen sind kommentierte Themenpakete.

Wenn es um die Klärung von Begriffen geht, helfen Lexika weiter. Diese gibt es auch online für Kinder, eine Auswahl hat das Internet-ABC im Recherche-Ratgeber auf www.internet-abc.de/kinder/lernen-schule zusammengestellt.

Vertiefung

Gibt es Experimente zum Thema, die durchgeführt werden können? Anregungen und Anleitungen finden Sie z. B. auf www.haus-der-kleinen-forscher.de/de/praxisanregungen/experimente-themen. Vergessen Sie dabei das Dokumentieren nicht (vgl. dazu »Was wächst denn da?«, S. 104).

Abschluss

Was haben wir herausgefunden? Was wissen wir jetzt über das Thema? Lassen Sie die Kinder erklären. Die zusammengetragenen Informationen können auf einer Wandzeitung oder digital präsentiert werden, z. B. als E-Book oder *PowerPoint*-Präsentation.

Zum Weiterlesen

www.bibernetz.de/wws/15638078.html
Beitragsreihe zu naturwissenschaftlich-technischer Bildung im Kindergarten

Wieso? Weshalb? Warum? – Teil II: Fragen & Erklären

Alter: ab 5 Jahren
Gruppengröße: ganze Gruppe oder in Kleingruppen (5 Kinder)
Dauer: 60–90 Minuten
Material: ein Mikrofon, eine Foto- und/oder eine Videokamera oder ein Tablet, ggf. Animations-App *Puppet Pals HD Director's Pass*, Audioschnittprogramm (z. B. das kostenlose *Audacity*), Videoschnittprogramm (z. B. das kostenlose *VideoPad* oder die App *iMovie*)

Informationen, Anlaufstellen, Fachleute zum Thema sind recherchiert, nun kann es losgehen: Besuchen Sie je nach lokalen Möglichkeiten ein Planetarium, eine Wetterstation, eine Molkerei, eine Feuerwehrwache, ein Tierheim ... natürlich sind Kamera und Mikrofon mit dabei!

So wird's gemacht

Es gibt verschiedene Möglichkeiten, die Forschungsprozesse und -ergebnisse zu dokumentieren. Die einzelnen, nachfolgend beschriebenen Bausteine können auch kombiniert werden.

Erklärfilm: Die Kinder dokumentieren die Exkursion durch Fotos. Stellen Sie dazu ergänzend ggf. fotografische Beobachtungs- bzw. Suchaufgaben, sodass auf jeden Fall die wesentlichen Eindrücke und Aspekte fotografisch festgehalten sind. Diese können in der App *Puppet Pals HD Director's Pass* zu einem kurzen Erklärfilm zusammengestellt und kommentiert werden (vgl. dazu »Die Puppen tanzen lassen«, S. 82). Hier finden die Kinder eigene Worte, um die Sachverhalte nochmals einfach und gut nachvollziehbar zu erklären. Dabei setzen sie sich intensiv mit dem Inhalt auseinander.

Interview: Überlegen Sie gemeinsam, welche Fragen den ausgewählten Interviewpartner/innen gestellt werden sollen. Die »W«-Fragen sind eine kleine Hilfe, damit beim Interview an alles gedacht wird:

- **Wer** wird interviewt?
- **Wieso** führen wir dieses Interview?
- **Wo** befinden wir uns?
- **Wann** findet das Interview statt?
- **Was** genau macht die Person, die interviewt wird?
- **Wofür** ist das Thema wichtig?

Achten Sie darauf, dass die Fragen offen formuliert werden, denn sonst werden sie nur mit Ja und Nein beantwortet. Mit einem Audioschnittprogramm (z. B. das kostenlose *Audacity*) können die Aufnahmen bei Bedarf nachbearbeitet werden.

Reportage/Dokumentarfilm: Die Kinder filmen den Ort der Exkursion, eine Führung, Arbeitsabläufe u. Ä. Dies kann zusätzlich zu den Interviewfragen geschehen oder auch ganz eigenständig. Damit es sich nicht nur um eine Ansammlung von Filmszenen handelt, bei der die Zuschauenden später womöglich den Überblick verlieren, gilt es, einen roten Faden festzulegen. Mit einem Videoschnittprogramm (z. B. das kostenlose *VideoPad* oder die App *iMovie*) können die Szenen geschnitten und zu einem Film zusammengestellt werden (vgl. dazu »Von der Idee zum … Realfilm«, S. 46).

Tipp

Achten Sie darauf, dass, wenn möglich, mehrere kurze Sequenzen anstelle langer Einstellungen gefilmt werden. So bleibt das Material übersichtlicher, kann leichter nachbearbeitet werden und zwischen den einzelnen Szenen können Absprachen getroffen werden.

Abschluss

Gucken Sie sich die Ergebnisse gemeinsam an. Fragen Sie die Kinder, ob sie glauben, dass das Thema auch für andere, die noch nichts darüber wissen, verständlich erklärt wurde. Lassen Sie sich auch nochmals erklären, wie der Film bzw. das Interview entstanden ist.

Präsentieren Sie die Ergebnisse, z. B. durch eine im Kita-Flur ausgehängte Wandzeitung, auf der die Rechercheergebnisse zusammengetragen und Fotos aufgeklebt wurden. Diese wird durch einen QR-Code ergänzt, hinter dem sich der Film oder das Interview verbirgt (vgl. dazu »QR-Code & Co«, S. 36). Oder Sie laden die anderen Gruppen oder die Eltern zu einem Themennachmittag ein, bei dem es Forschungsstationen gibt, passende Bilderbücher zum Blättern und natürlich die Filme oder Interviews vorgeführt werden.

Zum Weiterlesen

Roboom, Susanne (2019): Medien zum Mitmachen. Impulse für die Medienbildung in der Kita. Freiburg

Den Computer be-greifen – zerlegen, gestalten, variieren …

Alter: ab 5 Jahren
Gruppengröße: ganze Gruppe oder in Kleingruppen (5 Kinder)
Dauer: ca. 60–90 Minuten, ggf. mehrmals
Material: ein ausrangierter PC (Standrechner, kein Notebook), ggf. ausrangierte »Computerinnereien«, wie Breitbandkabel, Motherboard etc., verschiedene Werkzeuge (v. a. verschiedene kleine Schraubenzieher), kleine Schrauben, ein großer Karton, stabile Folie, eine alte Computertastatur, eine lange Schnur, Mal- und Bastelutensilien, ggf. eine Fotokamera

Computer sind aus unserem Alltag nicht mehr wegzudenken. Während die ersten noch so groß waren, dass sie ganze Räume füllten und weniger konnten als heute ein einfacher Taschenrechner, sind sie inzwischen in unterschiedlichsten Erscheinungsformen zum alltäglichen Begleiter geworden. Aber wie funktionieren sie und welche Teile stecken darin?

Vorbereitung

Besorgen Sie einen ausrangierten Standrechner und ggf. weitere »Computerinnereien« (z. B. von den Eltern mitbringen lassen, in einer Reparaturwerkstatt oder auf dem Recyclinghof nachfragen). Stellen Sie den Computer in die Mitte des Stuhlkreises und verdecken Sie ihn mit einem Tuch. Die übrigen PC-Teile kommen erst später beim Bauen zum Einsatz.

So wird's gemacht

Lassen Sie die Kinder erzählen, was sie bereits über Computer wissen. Bieten Sie dann an, mal in so ein Gerät hineinzusehen, und ziehen Sie das Tuch vom Computer. Bevor es losgeht, besprechen Sie, dass manche Teile spitz sein können und was beim Umgang mit Werkzeug bedacht werden muss. Und dann: Wie lässt sich der Rechner öffnen? Welches Werkzeug ist geeignet? Reihum dürfen die Kinder jeweils eine Schraube lösen, ein Teil herauslösen … Wenn Ihnen weitere Betreuungspersonen sowie mehrere ausrangierte Rechner zur Verfügung stehen, kann hier auch gut in Kleingruppen gearbeitet werden. Nach und nach wird der ganze Rechner ausgeweidet, die Teile drum herum auf den Boden gelegt. Kennt jemand einzelne Teile und weiß, welche Funktion sie haben?

Dazu kann dann gut ein erklärender Film gezeigt werden, z. B. »Computer und Roboter« aus der Reihe »Was ist Was TV«. Oder Sie reisen gemeinsam mit *Rudi Ratz* ins Innere eines Computers: www.rudiratz.de.

Geben Sie den Kindern dann die Möglichkeit, die einzelnen Teile neu zu kombinieren, in Collagen zu verarbeiten oder neue »Wunschcomputer« daraus zu bauen. Dazu wird die Kiste mit den zusätzlichen PC-Teilen und Schrauben zum zerlegten PC dazugestellt und es kann gebaut, gestaltet, kombiniert und variiert werden.

Wenn Sie noch tiefer ins Thema einsteigen und sich mit den Grundlagen der Computersprache befassen möchten, finden Sie Grundlagenwissen, methodische Anregungen und weiterführende Links auf www.rananmausundtablet.de/115-0-Coding-mit-Kindern.html.

Einen begehbaren Computer basteln

Dazu wird an einer Seite des Kartons ein großes Fenster ausgeschnitten und von innen mit einer stabilen Folie versehen, dies ist der Monitor. Außerdem muss es einen Einstieg für das »Computer-Innenleben« – also für mindestens zwei bis drei Kinder – geben. Der Karton wird von außen bemalt, beklebt und verziert. Eine lange Schnur wird zum Stromkabel und ein An-/Aus-Schalter kann aufgemalt oder aufgeklebt werden. Und natürlich benötigt der »Computer« auch ein CD-Laufwerk, dazu werden mehrere Schlitze in den Karton gemacht. Hier wird später die »Software« (Musikinstrumente, Mal- oder Bastelutensilien) eingeschoben. Nun noch die Tastatur anschließen und den Computer »hochfahren«, dazu klettern zwei oder drei Kinder in den Rechner. Die anderen Kinder, die vor dem Rechner sitzen und die Tastatur bedienen, installieren nun eine »Software«, z. B. ein Malprogramm – also Stifte und Papier – und geben über die Tastatur den Befehl, z. B. ein Bild zu malen …

Abschluss

Machen Sie eine Ausstellung der Werke, lassen Sie die Kinder beschreiben, was sie gebaut und gestaltet haben, ob die Bauwerke besondere Fähigkeiten haben. Die Kinder können ihre Werke fotografieren und die Fotos ihrem Portfolio hinzufügen.

Zum Weiterlesen

Fthenakis, W. E. (Hsg.)(2009): Natur-Wissen schaffen – Band 4: Frühe technische Bildung. Troisdorf.

Bewegung, Körper und Gesundheit

Spielen, toben, lernen …

»So wie das Essen ohne Lust der Gesundheit schädlich wird, so verdirbt das Lernen ohne Wissbegier das Gedächtnis und behält nichts von dem, was es auffängt.«

Leonardo da Vinci

Schaukeln, klettern, balancieren, rennen, springen … Kinder erobern sich ihren Lebensraum, testen ihre Grenzen, messen ihre Kräfte, bringen durch Bewegung ihre Energie und Lebensfreude zum Ausdruck. Bewegungserziehung hat unbestritten einen zentralen Stellenwert in der Elementarpädagogik. Bewegung ist ein Grundbedürfnis von Kindern und grundlegend für die Entwicklung geistiger und körperlicher Fähigkeiten.

Der Begriff »Selbstständigkeit« leitet sich her aus »selbst stehen können« und verweist damit auf den Zusammenhang von Bewegungshandlungen und Entwicklungsfortschritten. Wahrnehmen und Spüren hängt eng mit der Beweglichkeit zusammen: sensorische Wahrnehmung und motorische Bewegung – Sensomotorik, über die jegliches kindliche Lernen beginnt.

Bewegung beeinflusst die Körperwahrnehmung und das Selbstbild: sich anstrengen, toben, sich verausgaben, entspannen, zur Ruhe kommen, Hunger wahrnehmen, Sättigung spüren. Bewegungsmangel und ein Übermaß an Medienkonsum bringen ebenso wie ungesunde und unausgewogene Ernährung ein Ungleichgewicht in diese Beziehung. Eine positive Selbstwahrnehmung ist in diesem Zusammenhang ein wesentliches Ziel. In diesem Kontext kann der Einsatz von Medien u. a. dazu dienen, Fähigkeiten und Fortschritte zu präsentieren und zu dokumentieren.

Literatur

www.pebonline.de/projekte/kico-kita-coaches-in-form
Für das Projekt »KiCo – Kita-Coaches IN FORM« nutzt die Plattform Ernährung und Bewegung die Erkenntnisse und Ergebnisse des peb-Pilotprojekts »gesunde kitas · starke kinder«, entwickelt diese weiter und stellt praxistaugliche Arbeitsmaterialien für frühpädagogische Fachkräfte zur ganzheitlichen Gesundheitsförderung in Kitas bereit: Praxisleitfaden, Referenzrahmen, Spiele- und Rezeptsammlung.

Zimmer, R. (2008): Lernen durch Wahrnehmung und Bewegung. Grundlagen der Bewegungserziehung. In: Ebert, S. (Hrsg.): Die Bildungsbereiche im Kindergarten. Orientierungswissen für Erzieherinnen. Freiburg im Breisgau.

Das kann ich schon! Fotodoku

Alter: ab 4 Jahren
Gruppengröße: in Kleingruppen (3–5 Kinder)
Dauer: ca. 30 Minuten
Material: eine Fotokamera oder ein Tablet, ggf. ein Stativ

Kinder zeigen gern, was sie schon alles können, sind stolz auf ihre Fortschritte. Bei einem Bewegungs-Fotoshooting können sie nach Lust und Laune vor der Kamera turnen, springen, hüpfen. Dabei geht es um den Spaß an der Bewegung ohne Bewertung.

Vorbereitung

Sorgen Sie für ausreichend Platz, z. B. im Bewegungsraum, der Turnhalle oder auf dem Freigelände.

So wird's gemacht

Machen Sie zum Aufwärmen gemeinsam eine ausführliche Runde Hampelmänner und dann geht es los. Reihum ist ein Kind Kamerakind und fotografiert die anderen. Beginnen Sie mit den Hampelmännern, denn diese wurden ja schon zum Aufwärmen »geübt«.

Dabei stellen die Kinder fest, dass es gar nicht so einfach ist, im richtigen Moment abzudrücken und nicht erst dann, wenn die Bewegung vorbei ist. Bitten Sie die Kinder, die Bewegungen zu wiederholen, damit das Kamerakind ein Gespür für den Bewegungsablauf bekommt und den richtigen Moment erwischt, um den Auslöser zu drücken.

Sie können die Kinder dann einen Parcours aus verschiedenen Bewegungen absolvieren lassen oder auch freies Turnen, Springen, Hüpfen anregen.

Als Abschluss der Aktion kann jedes Kind vor der Kamera nochmals die Bewegung ausführen, die es besonders gern macht.

Vertiefung

Lassen Sie die Kinder kleine **Choreografien** ausprobieren wie bei richtigen Turnieren: Pflicht und Kür. Die Choreografie soll auf jeden Fall aus zwei bis drei festgelegten Bewegungen bestehen und darf dann noch ein oder zwei frei wählbare Elemente enthalten.

Weitere Ideen für Bewegungs-Fotospiele

- Für viel Spaß sorgt die **Stopptanz-Fotografie**. Vereinbaren Sie vorher eine bestimmte Haltung, die alle einnehmen sollen, sobald die Musik aufhört: auf einem Bein stehen, im Schneidersitz sitzen, im Vierfüßlerstand stehen ... Ein Kind fotografiert die Posen und dann startet die nächste Tanzrunde.
- Eine weitere Variante ist das **Paparazzi-Spiel**, bei dem das Kamerakind versuchen muss, ein anderes Kind im Foto »einzufangen«, während alle Kinder durch den Raum laufen. Sobald es ein Kind »eingefangen«, also erkennbar fotografiert hat, ist es frei und das »gefangene« Kind ist der nächste Paparazzi ... Damit es dabei nicht zu wilden Verfolgungsjagden kommt, darf der Paparazzi grundsätzlich nicht laufen, sondern nur stehen und gehen.
- Bei der **Strichmännchen-Parade** wird in einer Mal-App ein Strichmännchen gezeichnet und groß an die Wand projiziert. Dann versuchen die Kinder, die Haltung des Strichmännchens real nachzustellen. Dabei sollten Sie unbedingt Fotos von den Verrenkungen machen!

Abschluss

Gucken Sie sich die Fotos gemeinsam an. Welche Bewegungen haben den Kindern besonders viel Spaß gemacht? Welche fanden sie bei sich selbst am besten gelungen? Lassen Sie jedes Kind Fotos für sein Portfolio auswählen und machen Sie in regelmäßigen Abständen weitere Bewegungs-Fotoshootings. So können im Portfolio auch die Fortschritte des Kindes im Bewegungsbereich dokumentiert werden.

Zum Weiterlesen

Zimmer, R. (Hrsg.) (2010): Bewegung, Körpererfahrung & Gesundheit. Bildungsjournal Frühe Kindheit. Berlin, Düsseldorf.

Das würde ich auch gerne können ... Kameratricks

Alter: ab 5 Jahren
Gruppengröße: in Kleingruppen (ca. 5 Kinder)
Dauer: 30–60 Minuten
Material: Für den *Pippi-Langstrumpf*-Trick: eine Fotokamera oder ein Tablet, ggf. ein Stativ; für den *Spiderman*-Trick: eine Fotokamera mit Videofunktion oder eine Videokamera und ein PC oder ein Tablet, ein Stativ.

Mit Kindern Kameratricks auszuprobieren, unterstützt Bewegungs- und Koordinationsfähigkeiten und schärft den kritischen Blick auf Medieninhalte und -tricks.

Vorbereitung

Für den *Spiderman*-Trick wird eine schlichte Wand benötigt, vor der die Szene gedreht werden kann. Alternativ wird eine Ecke des Raums mit einem großen Tuch abgesperrt. Der Trick wirkt besser, wenn nicht durch Möbel, Fenster o. Ä. im Hintergrund sofort zu erkennen ist, dass nicht wirklich geklettert wird.

So wird's gemacht

Sprechen Sie mit den Kindern darüber, was sie können und was sie gern können würden. Bringen Sie dabei beliebte Medienfiguren und ihre Fähigkeiten ins Spiel, z. B. *Spiderman* oder *Pippi Langstrumpf*. Kann *Spiderman* wirklich an Hauswänden hochklettern? Und wieso kann *Pippi Langstrumpf* eigentlich ihr Pferd in die Luft stemmen? Ist sie wirklich so stark? Fragen Sie die Kinder, ob sie selbst mal so stark wie *Pippi Langstrumpf* sein möchten oder wie *Spiderman* an der Hauswand hochklettern wollen.

Stark wie Pippi Langstrumpf: Ein Kind baut sich breitbeinig und mit angestrengt aussehendem Gesicht vor der Kamera auf. Ein anderes stellt sich auf einen kleinen Hocker und wird so am Arm gefasst, dass es aussieht, als würde es daran hochgezogen. Dann geht das Kamerakind auf die Knie und fotografiert die Szene aus der Froschperspektive, also von unten nach oben. Wichtig: Der Hocker, auf dem das »hochgestemmte« Kind steht, darf nicht im Foto zu sehen sein. Auf dem Foto sieht es dann hinterher so aus, als hätte das Kind ein anderes in die Höhe gestemmt. Manchmal braucht es dafür allerdings einige Anläufe, damit auch der Gesichtsausdruck stimmt und angestrengt aussieht.

Klettern wie Spiderman: Ein Kind legt sich hin und drückt sich mit Händen und Füßen ein bisschen vom Boden ab. In der Haltung bewegt es sich vorwärts. Dabei wird es gefilmt. Dazu wird die Videokamera um 180 Grad gedreht (oder die Aufnahme wird später im Schnittprogramm gedreht), die Aufnahme kann von der Seite oder frontal erfolgen, sodass das Kind auf die Kamera zukrabbelt. Erinnern Sie die Kinder daran, dass das Klettern an Hauswänden sehr anstrengend ist: Durch eine angestrengte Mimik wirkt der Trick noch besser.

Vertiefung

Noch mehr Tricks können mit der blue- oder greenscreen-Technik ausprobiert werden. Dazu werden Aufnahmen vor einem einfarbigen Hintergrund gemacht. Der einfarbige Hintergrund ermöglicht später das Freistellen der Kinder, die dann vor einen anderen Hintergrund »montiert« werden. So entsteht der Eindruck, dass die Kinder z. B. auf dem Mond, im Dschungel oder auf dem Meeresgrund spazieren gegangen sind. Damit das freigestellte Kind später keine »Lücken« hat, sollte es für die Aufnahme möglichst kein grünes bzw. blaues Kleidungsstück tragen, es sei denn, auch der Körper oder einzelne Körperteile sollen verschwinden.

Tipp

Ausführliche Tipps und eine Materialliste zur Arbeit mit der greenscreen-Technik finden Sie auf www.blickwechsel.org/bildungshappchen/421-happchen-werkzeugkasten im Green-Screen-Steckbrief.

Abschluss

Im Film wird getrickst, das haben Sie gerade gemeinsam ausprobiert, aber in Wirklichkeit dürfen Kinder nicht so schwer heben. Sprechen Sie mit den Kindern darüber, wieviel Gewicht wir wirklich stemmen können, was das mit unserer Größe, dem Gewicht und den Muskeln zu tun hat. Und *Spiderman* kann nur so toll klettern, weil mit der Kamera getrickst wurde …

Zum Weiterlesen

www.rananmausundtablet.de/112-0-ueber-Medien-reden.html
Methodische Anregungen und weiterführende Links rund um Medienvorlieben und -erlebnisse von Kindern

Wie geht das denn? Stopp-Tricks

Alter: ab 4 Jahren
Gruppengröße: ganze Gruppe
Dauer: 30–60 Minuten
Material: eine Fotokamera mit Videofunktion oder eine Videokamera oder ein Tablet, ein Stativ, ggf. ein Zauberstab

Beim Stopp-Trick lernen die Kinder die Kamera kennen, sie entwickeln Ideen, schauspielern, treffen Absprachen und erkennen, wie leicht es doch ist, mit ein paar Tricks im Fernsehen etwas vorzutäuschen. Die Arbeit mit dem Stopp-Trick fördert Kommunikations-, Kooperations- und Konzentrationsfähigkeiten, vermittelt technisches Verständnis, regt die Auseinandersetzung mit der Machart von Medien an und wird hier eingesetzt, um Bewegung und Koordination spielerisch mit Kameratricks zu verbinden.

Vorbereitung

Bereiten Sie eine Ecke oder einen Raum vor, in dem die Kinder möglichst ungestört filmen können. Die Kamera wird auf einem Stativ befestigt.

So wird's gemacht

Die Kinder sitzen in einer Reihe nebeneinander. Die Kamera hat alle im Bild. Behaupten Sie, dass Sie einen Hut wie von Zauberhand wandern lassen können, und vereinbaren Sie einen Zauberspruch, z. B. »Ene mene Spinnenblut, wandern sollst du, lieber Hut! Hex! Hex!«

Stopp-Trick-Beispiel

Kamera an: Alle sagen den Zauberspruch.
Kamera aus: Alle Kinder sitzen wie eingefroren und dem ersten Kind in der Reihe wird der Hut aufgesetzt.
Kamera an: Einen kurzen Moment lang wird gefilmt.
Kamera aus: Der Hut »wandert« zum nächsten Kopf. ... Kamera an ...

Der Stopp-Trick lässt sich gut mit Bewegungsthemen verbinden, z. B. indem die Kinder jeweils auf einem Stuhl sitzen, die Stühle stehen in einer Reihe hintereinander. Jedes Mal, wenn die Kamera aus ist, stehen die Kinder zusammen mit ihrem Stuhl auf, halten diesen also mit der Sitzfläche an den Po gedrückt und bewegen sich einen kleinen Schritt nach vorn, nicht mehr als etwa 20 cm. Das wird mindestens 20mal wiederholt, am besten so, dass die »Stuhlkarawane« den Raum durchquert bzw. verlässt. Später im Film sieht es so aus, als hätte sich die »Stuhlkarawane« wie von unsichtbarer Hand gezogen durch den Raum bewegt. Tatsächlich waren aber ganz schön viele Kniebeugen dafür nötig …

Tipp

Wichtig ist, dass die Kamera auf einem Stativ steht, das auf keinen Fall bewegt wird. Markieren Sie den Kamerastandpunkt mit einem Kreppklebeband und verändern Sie auch die Kameraeinstellung nicht. So lassen sich viele Dinge her- und wegzaubern oder magisch bewegen!

Variante

Die Kiste ohne Boden: In einen großen Karton klettern nacheinander 20 Kinder hinein. Das Kamerakind filmt, wie ein Kind in den Karton hineinsteigt. Sobald es ganz darin verschwunden ist, wird die Kamera ausgemacht, das Kind klettert wieder heraus und stellt sich in die Schlange der Kamerakinder. Das Kamerakind wechselt zur Schlange der »Kartonkinder«, die darauf warten, in den Karton zu klettern. Nun wird die Kamera wieder eingeschaltet und das nächste Kind steigt in den Karton. Beim anschließenden Angucken sind die Kinder fasziniert vom Fassungsvermögen des Kartons.

Abschluss

Schauen Sie sich die Ergebnisse mit den Kindern an. Das Staunen mancher Kinder ist groß, obgleich sie den Trick selbst gefilmt haben. Bei einigen stellt sich erst nach und nach das Verständnis ein. Lassen Sie die Kinder auch überlegen, ob der Trick echt aussieht oder was man beim nächsten Mal noch besser machen kann. Für einen richtig guten Stopp-Trick ist Präzision entscheidend!

Zum Weiterlesen

Roboom, S. (2019): Medienwerkstatt für Kita-Kinder. kindergarten heute – praxis kompakt. Freiburg.

Schmeckt's dir? Essen im Fokus

Alter: ab 4 Jahren
Gruppengröße: ganze Gruppe oder in Kleingruppen
Dauer: mehrmals 60–90 Minuten
Material: eine Fotokamera oder ein Tablet, eine Lebensmittelpyramide, Supermarkt-Werbeprospekte, Scheren, Kleber

»Ein gesunder Geist wohnt in einem gesunden Körper« – um gesund zu bleiben, müssen wir uns auch ausgewogen ernähren. Was braucht unser Körper?

Vorbereitung

Besorgen Sie eine anschauliche Ernährungspyramide. Geben Sie dazu z.B. das Stichwort Ernährungspyramide in einer Kindersuchmaschine wie www.fragfinn.de ein.

So wird's gemacht

Fragen Sie die Kinder nach ihren Lieblingsgerichten und danach, was sie zum Frühstück, Mittag und Abendbrot gern essen oder auch essen sollen. Welche Essensregeln gibt es in der Familie? Fragen Sie dann, warum wir überhaupt essen. Gehen Sie darauf ein, was der Körper zum Wachsen braucht. Gucken Sie sich gemeinsam die Ernährungspyramide an: Wovon braucht der Körper viel, wovon weniger, wovon nur ganz wenig?

Machen Sie einen Ausflug zum Wochenmarkt. Geben Sie den Kindern dann den Foto-Suchauftrag, alles zu fotografieren, was man essen kann! In Kleingruppen machen die Kinder dann Rätselfotos, auf denen die Lebensmittel nicht sofort zu erkennen sind, sowie ein Foto, das das Lebensmittel erkennbar zeigt. Sie können bei diesem Ausflug auch für die Blind-Verkostung und vielleicht auch eine gemeinsame Kochaktion einkaufen.

Zurück in der Kita werden die Fotos angeguckt und geraten, worum es sich handelt. Dann werden verschiedene Fotos ausgedruckt und anhand der Lebensmittelpyramide sortiert: wovon viel, wovon weniger? Bauen Sie aus den Fotos eine eigene Pyramide. Ergänzen Sie diese mit Bildern, die die Kinder aus Lebensmittelprospekten ausschneiden.

Augen zu, Mund auf! In einer Blind-Verkostung soll nun herausgefunden werden, was einem da gerade auf der Zunge liegt. Nacheinander werden fünf verschiedene Lebensmittel mit verbundenen Augen geschmeckt und es wird versucht, sie zu erraten. Wenn das jeweilige Kind einverstanden ist, können dabei auch Fotos gemacht werden. Anschließend wird aufgelöst. Da die Lebensmittel nun an- und aufgeschnitten sind, bietet es sich an, auch Innenansichten zu fotografieren. Auch hieraus kann ein Ratespiel gestaltet werden. Es ist gar nicht so einfach, zu erkennen, zu welchem Obst der Kern mit ein bisschen Fruchtfleisch drum herum gehört.

Viel Spaß macht es den Kindern auch, die Lebensmittel schön anzurichten, z. B. Trauben-Pinguine, Apfel-Krebse oder Gurkenkrokodile ... Dann schmeckt das Obst gleich noch viel besser! Die Reste werden dabei zu einem Smoothie oder einer Gemüsesuppe verarbeitet.

Vertiefung

Wie entstehen bzw. woher kommen unsere Lebensmittel? Besuchen Sie z. B. einen Bauernhof. Wachstums- und Veränderungsprozesse können Sie auch gemeinsam in einer Fotoreihe erfassen (vgl. dazu S. 104), z. B. vom Samen zur Kresse. Natürlich kann auch der Verfallsprozess dokumentiert werden: ein Apfel, der verschrumpelt und fault, oder eine Scheibe Brot, die verschimmelt.

Gehen Sie auch auf die Farben von Lebensmitteln ein: Wenn die Erdbeere oder Banane noch grün ist, ist sie noch nicht reif, bei der Paprika wiederum gibt es grüne, rote und gelbe und sogar orangefarbene. Wirklich blaue natürliche Lebensmittel gibt es allerdings nicht, Pflaumen oder Blaubeeren sind dunkelviolett. Aber man kann natürlich tricksen und Lebensmittel einfärben, z. B. mit Lebensmittelfarbe oder eben digital mit Bildbearbeitungsprogrammen: Plötzlich ist die Banane blau oder die Tomate gelb.

Abschluss

Gehen Sie noch einmal auf die Bedeutung einer vielseitigen Ernährung ein. Lassen Sie die Kinder erklären, was der Körper zum Wachsen und Gesundbleiben braucht. Gehen Sie an dieser Stelle auch darauf ein, wie wichtig Tischregeln und die Atmosphäre beim Essen sind: vorher Hände waschen, mit Ruhe und Genuss essen, gut kauen, sitzen bleiben, bis alle Kinder aufgegessen haben.

Zum Weiterlesen

Weininger, M./Weißmann-Polte, E. (2012): Rund ums Essen. Ideen für die Kita-Praxis. Berlin.

Was gibt's denn heute? Der Kita-Speiseplan

Alter: ab 5 Jahren
Gruppengröße: in Kleingruppen (3–5 Kinder)
Dauer: ca. 10 Minuten täglich über mehrere Wochen
Material: eine Fotokamera, ggf. ein zusätzliches Licht

Essen und Trinken sind feste Bestandteile des Kita-Alltags. Neben Ausgewogenheit und Gesundheit spielen natürlich auch Genuss und Miteinander dabei eine entscheidende Rolle.

Vorbereitung

Sprechen Sie die Köchin oder den Koch an und klären Sie, wann die beste Zeit für ein Fotoshooting ist, ohne dass der Ablauf in der Küche zu sehr gestört wird.

So wird's gemacht

Die Kinder fotografieren täglich das Mittagessen. Dazu werden die einzelnen Komponenten des Essens auf einem Teller angerichtet. Manche Gerichte, z. B. Suppen oder Frikassee, fotografiert man am besten von oben, das Kamerakind stellt sich dafür auf einen Stuhl. Manche Gerichte sind aber von der Seite besser zu erkennen, z. B. ein Hackbraten. Kontrollieren Sie an Ort und Stelle gemeinsam, ob alle mit den Fotos zufrieden sind, ob das Essen auch gut in Szene gesetzt ist. Fragen Sie die Kinder, ob sie erkennen würden, um welches Essen es sich handelt, wenn sie es nicht wüssten. Über einen Zeitraum von mehreren Wochen sammeln die Kinder auf diese Weise fotografisch alle Gerichte, die in der Kita angeboten werden.

Wählen Sie von allen Gerichten jene Fotos aus, die den Kindern am besten gefallen. Die Fotos werden ausgedruckt und laminiert. Sortieren Sie gemeinsam die Fotos, z. B. nach Fleisch, Fisch, Gemüse, Obst, Nudeln, Reis, Kartoffeln etc., und sprechen Sie darüber, wie wichtig es ist, dass die eigene Ernährung aus verschiedenen Bausteinen besteht, dass der Körper Abwechslung und Ausgewogenheit benötigt, um gesund zu bleiben.

Dann überbringen die Kinder der Küche zusammen die Fotos für den neuen Kita-Speiseplan. Nun kann die Köchin bzw. der Koch der Kita zu Beginn der Woche den Plan nicht nur schriftlich, sondern auch mit Fotos aushängen. Das ermöglicht den Kindern, selbstständig in Erfahrung zu bringen, was sie bei der nächsten Mahlzeit erwartet.

Vertiefung

Wenn die Möglichkeit besteht, kochen Sie gemeinsam mit den Kindern ihre Lieblings-Kitagerichte. Lassen Sie die Kinder dabei jeden einzelnen Schritt fotografisch dokumentieren. So können Sie eine Rezeptsammlung erstellen, ein eigenes, reich bebildertes Kita-Kochbuch. Natürlich können auch beliebte Gerichte aus den verschiedenen Herkunftsländern der Kinder gekocht werden. Dabei sind Eltern als Unterstützung selbstverständlich herzlich eingeladen.

Oder hat die Kita vielleicht sogar eine eigene Parzelle und es ist Erntezeit? Dann kochen Sie gemeinsam Marmelade ein oder backen Sie zusammen Obstkuchen. Hierbei ist besonders eindrucksvoll für die Kinder, dass sie die einzelnen Schritte von der ersten Knospe oder dem ersten Samen über das Pflegen und Ernten bis hin zur Verarbeitung miterlebt haben.

Übrigens gibt es von *Petterson & Findus*, dem *Hasen Felix* und anderen beliebten Kindermedienfiguren auch Kochbücher mit Gerichten aus der jeweiligen Geschichte. Leihen Sie welche in der Bibliothek aus und kochen Sie mit *Felix*, *Findus*, *Pippi* & Co.

Tipp

Lassen Sie die Kinder die Zutaten selber abwiegen und auszählen, so fördern Sie ganz nebenbei auch noch das Mengenverständnis. Dafür eignen sich besonders die sogenannten »Tassen-Rezepte«: drei Tassen Mehl, zwei Tassen Zucker (siehe auch www.rananmausundtablet.de/107-0-Backe-Backe-Kuchen---Fotorezepte-erstellen.html).

Abschluss

Gucken Sie sich den Kita-Speiseplan in regelmäßigen Abständen immer wieder gemeinsam an: Sind alle Fotos immer noch passend? Sonst ergänzen und erweitern Sie die Fotosammlung bei Bedarf. Und vielleicht lässt sich die Küche ja auf einen Wunschtag einmal im Monat ein, bei dem aus einer Auswahl das Wunschessen gewählt werden darf.

Zum Weiterlesen

www.fitkid-aktion.de
»FIT KID – Die Gesund-Essen-Aktion für Kitas« unterstützt Kitas dabei, die Verpflegung auf Basis des Qualitätsstandards der Deutschen Gesellschaft für Ernährung e. V. (DGE) zu optimieren.

Schlussworte & Danksagung

Seit über 20 Jahren mache ich mit Kindern und Jugendlichen Medienarbeit. Nach fünf Jahren, in denen ich im Jugendvollzug Göttingen Erfahrungen in der Videoarbeit mit straffälligen Jugendlichen sammeln durfte, bin ich seit 1997 beim Blickwechsel e.V. aktiv und arbeite dort mit allen Zielgruppen: neben Kindern und Jugendlichen auch mit Eltern und pädagogischen Fachkräften aus Kindergarten und Grundschule.

Mich fasziniert die Kreativität und Begeisterung, die bei der aktiven Arbeit mit Medien entsteht. In vielen, vielen Seminaren konnte ich beobachten, wie bei pädagogischen Fachkräften im aktiven, kreativen Umgang mit Medien »der Funke übersprang«, sie mit wachsender Begeisterung in die Aufgabenstellung eintauchten und tolle Ergebnisse erzielten – auch die Teilnehmer/innen, die sich im Vorfeld völlige Inkompetenz im Umgang mit Technik zugeschrieben hatten.

Diesen Funken würde ich mit diesem Buch auch gerne entzünden, den Spaß vermitteln, den diese Arbeit mir macht und die Fantasie und Begeisterung transportieren, die wir in Projekten immer wieder beobachten können. Wir, das ist das Team des Blickwechsel e.V., ein Zusammenschluss von ca. 50 Medien- und Kulturpädagoginnen und -pädagogen aus ganz Deutschland, davon derzeit rund 30 aktiv als Teamer/innen im Einsatz.

Ich möchte mich an dieser Stelle besonders bei meiner langjährigen Kollegin und Freundin Sabine Eder bedanken, die mich inspiriert und unterstützt, hinterfragt und kritisiert, herausfordert und motiviert, begleitet und stärkt, mit der ich die meisten Seminare, Projekte und Publikationen gemacht und viel gelernt, gelacht und erlebt habe!

Vielen Dank auch an all die Kitas, die uns an ihren Erfahrungen haben teilhaben lassen, nachdem sie Projekte oder Fortbildungen mit uns gemacht haben. Die uns Projektergebnisse schicken, Fotos zur Verfügung stellen, Anekdoten erzählen, Probleme lösen, Fragen stellen, wieder kommen und noch mehr wissen wollen.

Ein Dankeschön auch an Frau Schönknecht vom Beltz Verlag für die konstruktive Zusammenarbeit und die Geduld, mit der sie sich mit meinen Wünschen hinsichtlich der Fotos in diesem Buch befasst hat.

Und last, but not least ein großes Dankeschön an meine Familie: Harm, der die Arbeit an diesem Buch begleitet, unterstützt und mir den Rücken frei gehalten hat, und meine Kinder Jonte (4), Onno (8) und Leonie (17), die mich jeden Tag aufs Neue mit »Medienspuren« konfrontieren, herausfordern und inspirieren!

Susanne Roboom, Juni 2016